Le régime juridique des associations
en droit juridique camerounais

Droits africains et malgache
Collection dirigée par Magloire ONDOA

La collection « Droits africains et malgache » accueille les travaux de chercheurs, enseignants et étudiants, ou praticiens, soucieux de contribuer à cette œuvre de réconciliation du droit en vigueur avec le droit étudié, d'une part ; de l'autre, d'élimination de la distance séparant les citoyens africains de leurs droits vivants, c'est-à-dire, ceux qui leur sont effectivement appliqués.

Déjà parus

Joseph OWONA, *Domanialité publique et expropriation pour cause d'utilité publique au Cameroun*, 2012.
Joseph OWONA, *Cameroon's public service law*, 2012.
Joseph OWONA, *Decentralization in Cameroon*, 2012.
Jacques BIAKAN, *Droit des marchés publics au Cameroun. Contribution à l'étude des contrats publics*, 2011.
Jean GATSI, *Le droit OHADA des sociétés coopératives*, 2011.
Gustave NGUEDA NDIEFOUO, *La douane camerounaise à l'ère de la facilitation des échanges commerciaux*, 2011.
Joseph OWONA, *Le contentieux administratif de la République du Cameroun*, 2011.
Joseph OWONA, *La décentralisation camerounaise*, 2011.
Joseph OWONA, *Droit de la fonction publique camerounaise*, 2011.
Anicet ABAN ATANGANA, *Administration fiscale et contribuable au Cameroun*, 2010.

Célestin Keutcha Tchapnga

Le régime juridique des associations en droit juridique camerounais

Préface du professeur Alain Ondoua

Du même auteur

Précis de Droit du Contentieux administratif au Cameroun. *(Aspects de l'évolution récente)* à paraître à l'Harmattan en 2013.

Fundamentals of Judicial Review of Administrative Action *(Administrative £ litigation)* (en collaboration avec Ernest FOLEFACK et Honoré LAFON), en cours de publication.

© L'Harmattan, 2013
5-7, rue de l'Ecole-Polytechnique, 75005 Paris

http://www.librairieharmattan.com
diffusion.harmattan@wanadoo.fr
harmattan1@wanadoo.fr

ISBN : 978-2-343-00225-5
EAN : 9782343002255

« *De tout temps, les hommes se sont rassemblés pour porter leurs idées, espoirs et revendications : l'homme, individu isolé, est impuissant* ».

BURDEAU (G), Traité de science politique. La dynamique politique, Tome 3. Les forces politiques, Volume 1. Paris, L.G.D.J. 1982, p. 13.

« *Il n'y a rien que la volonté humaine désespère d'atteindre par l'action libre de la puissance collective des individus* ».

DE TOCQUEVILLE (A), De la Démocratie en Amérique, I, Chapitre XII.

A

- *Feu mon Père,* **Paul TCHAPNGA**, *qui aurait été, je l'imagine, heureux de lire ce livre. Heureux et fier.*

- **Chantal OYA**, *ma chère Épouse.*

- **Linka Mavinska KEUTCHA TCHAPNGA**, *ma Fille, un exemple à dépasser.*

REMERCIEMENTS

Je remercie tout particulièrement M. le Professeur Magloire ONDOA pour m'avoir encouragé à rédiger cet ouvrage qui m'a tant passionné et pour ses précieux conseils.

Je suis reconnaissant à M. le Professeur Alain ONDOUA pour ses suggestions de lectures et les discussions juridiques et amicales que j'ai eu le plaisir d'avoir avec lui après les nombreuses conférences doctorales qu'il a bien voulu animer à l'Université de Dschang durant les deux dernières années académiques écoulées et, surtout, pour sa disponibilité à rédiger la Préface du présent ouvrage.

J'exprime, enfin, ma gratitude aux personnes ci-après, qui m'ont amicalement, aimablement et chaleureusement fait partager les fruits de leurs expériences théoriques et professionnelles en matière associative, à savoir : Pr. NGUELE ABADA Marcelin, attaché au Secrétariat général des Services du Premier ministre, Pr. TCHEUWA Jean-Claude, chef de la Cellule juridique au ministère de l'Administration territoriale et de la Décentralisation (MINADT), Pr. Yvette KALIEU ELONGO, vice-Doyen en charge de la Scolarité à la F.S.J.P., Pr. SIETCHOUA Célestin, chef du Service de la recherche à l'Université de Dschang, le Docteur d'État MIENDJIEM Isidore, chef du département de Droit privé et Sciences criminelles, les Docteurs BILONG, KANKEU et GNIMPIEBA du département de Droit public et Science politique, sans oublier l'Administrateur civil principal OUMBE Christophe, ancien sous-préfet en service au MINATD.

PRINCIPALES ABREVIATIONS

ADD : Avant-dire-droit

AJDA : Actualité juridique, droit administratif

AEAP : Annuaire européen d'administration publique

Art : Article

Ass. : Assemblée du conseil d'État

c/ : Contre

CCA : Conseil du contentieux administratif

CE : Conseil d'État

Cf. : Confère

CFJ/CAY : Cour fédérale de justice, Chambre administrative de Yaoundé

CFJ/SCAY : Cour fédérale de justice, Section du contentieux administratif de Yaoundé

CS/AP : Cour suprême (Cameroun), Assemblée plénière

CS/CA : Cour suprême (Cameroun), Chambre administrative

D. : Dalloz

Dir. : Sous la direction de

Ed : Édition

EDCE : Études et documents du conseil d'État français

FSJP : Faculté des sciences juridiques et politiques

GAJA : Grands Arrêts de la Jurisprudence Administrative (française)

Ibid : Ibidem. Dans le même texte, au même endroit

Infra : En dessous. Dans les développements qui suivent

LF : Loi fédérale

LGDJ : Librairie générale de droit et de jurisprudence

MINAT : Ministère de l'administration territoriale

MINATD : Ministère de l'administration territoriale et de la décentralisation

n° : Numéro

Op. cit. : Opere citato. Déjà cité

O : Ordonnance

OF : Ordonnance fédérale

OSE : Ordonnance de sursis à exécution

p. : Page **pp.** : Pages

PCA : Président de la chambre administrative

PUA : Presses universitaires d'Afrique

PUF : Presses universitaires de France

RCD : Revue camerounaise de droit

RDP : Revue de droit public

RFDA : Revue française de droit administratif

RFAP : Revue française d'administration publique

RISA : Revue internationale de science administrative

ss : Suivantes

T. : Tome

Vol. : Volume

SOMMAIRE

REMERCIEMENTS 9
PRINCIPALES ABREVIATIONS 11
PRÉFACE 15
RESUME DU LIVRE 19
INTRODUCTION GENERALE 21
    I. LA NEGATION DE L'ESPACE ASSOCIATIF AVANT 1990. 21
    II. L'AUTONOMISATION DE l'ESPACE ASSOCIATIF APRES 1990 27

Première partie LE REGIME JURIDIQUE DE LA RECONNAISSANCE DES ASSOCIATIONS PAR L'ADMINISTRATION 35

    Chapitre I LE REGIME JURIDIQUE DES ASSOCIATIONS DECLAREES 37
        Section I. LA PLACE DE LA DECLARATION PREALABLE DANS LES TECHNIQUES D'AMENAGEMENT DES LIBERTES 37
        Section II. LES FORMES DE DECLARATION D'ASSOCIATION CONSACREES 40

    Chapitre II. LE REGIME JURIDIQUE DES ASSOCIATIONS AUTORISEES 47
        Section I. LA SIGNIFICATION JURIDIQUE DU PROCEDE 47
        Section II. LA PROCEDURE D'AUTORISATION PREALABLE 50
        Section III. LES TYPES D'ASSOCIATIONS SOUMIS A L'AUTORISATION ADMINISTRATIVE PREALABLE 65

    CONCLUSION DE LA PREMIERE PARTIE 79

Seconde partie LE REGIME JURIDIQUE DU FONCTIONNEMENT DES ASSOCIATIONS 81

    Chapitre I LE CONTRÔLE SUR L'ACTIVITE DE L'ASSOCIATION 83
        Section I. LES RAISONS D'UN CONTRÔLE STRICT 83

Section II. LA MISE EN ŒUVRE DU CONTRÔLE 93

Chapitre II LES SANCTIONS CONSECUTIVES AU CONTRÔLE 97
Section I. LES RAPPORTS ENTRE MESURE ADMINISTRATIVE, SANCTION ADMINISTRATIVE, SANCTION DISCIPLINAIRE ET SANCTION PENALE 97
Section II. LE DEVELOPPEMENT DES SANCTIONS ADMINISTRATIVES ET DISCIPLINAIRES 105

CONCLUSION DE LA SECONDE PARTIE 139

CONCLUSION GENERALE 141

ANNEXES 147

Annexe I Loi n°90/053 du 19 décembre 1990 relative à la liberté d'association 149

Annexe II Loi n°99/O11 du 20 juillet 1999 modifiant et complétant certaines dispositions de la loi n°90/053 du 19 décembre 1990 relative à la liberté d'association 157

Annexe III Décision n°002/FCF/CR/2012 de la Commission de Recours. Affaire Coton Sport FC de Garoua contre Agbor Kelvin et Bom Yang Fernando 159

Annexe IV Tableau confessionnel légal de la République du Cameroun 163

Annexe V Liste des associations reconnues d'utilité publique conformément a la loi sur la liberté d'association 167

Annexe VI ONG agréées par le ministre d'Etat, ministre de l'Administration territoriale et de la Décentralisation 169

Annexe VII Organisations non gouvernementales unipersonnelles 177

BIBLIOGRAPHIE 181

TABLE DES MATIERES 193

PRÉFACE

Par le présent ouvrage, le Professeur Célestin KEUTCHA TCHAPNGA se propose de mettre à la disposition d'un public averti comme du grand public, une réflexion sur la dynamique associative au Cameroun et le processus d'encadrement par le droit qui l'accompagne. Il nous invite par ce biais à emprunter les trajectoires de la liberté d'association, et surtout de prendre la mesure de l'appréhension par le pouvoir normatif en général et les bureaux (autre manière de parler de la pratique administrative) en particulier.

Cet ouvrage montre au demeurant que le droit des associations est autant du ressort des auteurs de droit privé que de la doctrine universitaire de droit public[1], en tant qu'il prend pour point de départ la liberté d'association[2]. Dans cette perspective, cette étude pionnière en droit public camerounais place la focale non pas sur la notion d'association en elle-même, mais davantage sur le régime juridique de ces personnes morales de droit privé.

Aussi, insiste-t-il tout d'abord sur la reconnaissance des associations par l'administration à travers les mécanismes de la déclaration et de l'autorisation administratives préalables. L'auteur s'étend ensuite sur les modalités de fonctionnement des associations, questionnant le contrôle sur leur activité d'une part et les sanctions consécutives au contrôle d'autre part.

Il aurait été difficile pour le Professeur KEUTCHA TCHAPNGA de ne pas envisager la période libérale de 1990 comme moment de rupture ; « une rupture avec une longue tradition de réticence à l'égard des pratiques associatives ». De ce point de vue, analysant la loi n° 90/53 du 19 décembre 1990, l'auteur est conduit à aborder plusieurs grandes théories de droit administratif général ou spécial. Il en est notamment

---

[1] Voir pour quelques exemples, J.-M. **GARRIGOU-LAGRANGE, Recherches sur les rapports des associations avec les pouvoirs publics**, Paris, LGDJ, 1970 ; A.-S. **MESCHERIAKOFF** et al, **Droit des associations**, Paris, PUF, 1996 ; S. **DAMAREY, Droit et contentieux des associations**, Paris, GUALINO, 2005.
[2] Cf. notamment, J. **MORANGE, La liberté d'association en droit public français**, Paris, PUF, 1977 ; **La liberté d'association et le droit**, Paris, Conseil constitutionnel, 2001.

ainsi de la distinction classique en droit des libertés publiques entre régime répressif (associations déclarées) et régime préventif (associations soumises à autorisation). Il pourrait s'agir, entre ces deux régimes, d'une différence de degré plutôt que de nature, car en droit positif camerounais existe la figure de la déclaration d'association assortie d'un pouvoir d'opposition ou d'appréciation de l'administration.

Il envisage par ailleurs l'autorisation administrative préalable comme « le prolongement d'une interdiction légale » ; ce qui lui permet de mettre en valeur son excellente connaissance de la théorie des compétences en droit administratif (compétences discrétionnaire, conditionnée ou liée), des méandres de la procédure administrative non contentieuse (obligation de motivation, respect des droits de la défense), ou encore de proposer une typologie des associations soumises à autorisation administrative préalable (syndicats professionnels, partis politiques, associations étrangères, associations reconnues d'utilité publique, organisations non gouvernementales, associations religieuses et associations sportives).

Autre ligne de force de l'ouvrage : le contrôle de l'activité associative passe principalement par l'activation du pouvoir de répression administrative [3], même si l'on peut formuler le constat du caractère largement théorique des sanctions administratives qui en découlent, comme de « ...la léthargie du contentieux juridictionnel des sanctions prises à l'encontre des partis politiques... ».

Du point de vue pratique, le stimulant essai pédagogique du Professeur KEUTCHA TCHAPNGA permet de prendre l'ampleur de la montée en puissance des associations religieuses de fait (nouveaux mouvements religieux ou spirituels) comme des associations claniques. Il s'agit généralement d'associations non déclarées bénéficiant d'une tolérance administrative de la part des pouvoirs publics, alors même que – et les illustrations mises en avant par l'auteur en témoignent – les partis politiques et les syndicats professionnels font l'objet d'une notable fermeté de la part des titulaires du pouvoir de police administrative.

Cette appréhension à géométrie variable de ces différentes associations donne davantage de relief à la considération générale retenue par l'auteur, selon laquelle le régime juridique des associations en droit

---

3 Pour une étude complète de ce pouvoir, G. **DELLIS, Droit pénal et droit administratif : l'influence des principes du droit pénal sur le droit administratif répressif,** LGDJ, coll. BDP 184, 1997.

public camerounais donne à voir « un visage dominé par le souci de préserver à la fois l'intérêt général et l'ordre public, de favoriser le développement économique et social et de promouvoir davantage les droits et libertés ». Sans la révéler, ce constat du Professeur Célestin KEUTCHA TCHAPNGA suggère une recherche de conciliation entre jouissance des droits et libertés, ici la liberté d'association, et exercice du pouvoir de police administrative en vue de maintenir l'ordre public. Autrement dit, et de façon subliminale, le lecteur est invité à méditer la formule célèbre du Commissaire du Gouvernement CORNEILLE selon laquelle : « *La liberté est la règle et la restriction de police l'exception* »[4].

Yaoundé, le 19 octobre 2012

Alain ONDOUA

Agrégé des Facultés de Droit
Professeur de Droit public à l'Université de Poitiers
Détaché auprès de l'Agence Universitaire de la Francophonie

---

[4] Conclusions sous Conseil d'État français, 10 août 1927, BALDY : Rec. CE, p. 638.

RESUME DU LIVRE

L'exercice de la liberté d'association s'est heurté, pendant longtemps au Cameroun, à de très fortes résistances des pouvoirs publics devant des corps intermédiaires risquant de contrebalancer et, peut-être, de contrecarrer leur autorité. Avec le mouvement de démocratisation et de libéralisation de la vie publique, l'idée d'une réforme du droit d'association est toutefois apparue très rapidement, pour une raison simple : c'est un fait bien connu que, dans la société contemporaine, le développement des libertés publiques implique la reconnaissance et l'aménagement de la liberté d'association; car l'association est un cadre presque indispensable pour l'exercice de la plupart des libertés. L'évolution du droit s'est amorcée alors avec la loi n°90/53 du 19 décembre 1990 qui a organisé à nouveau, de façon générale, la liberté d'association, en promouvant la diversité puisqu'elle précise que des textes particuliers vont régir les associations sportives, les organisations non gouvernementales, les syndicats et les partis politiques. Cet ensemble législatif donne aux règles applicables en matière d'association un visage dominé par le souci de préserver l'intérêt général et l'ordre public, de favoriser le développement économique et social et de promouvoir davantage les droits et libertés.

Comment le législateur a-t-il résolu ces différentes préoccupations difficilement conciliables entre elles ?

Telle est la question fondamentale que pose le présent ouvrage. Cette interrogation est d'autant plus importante qu'une étude d'ensemble sur le régime juridique des associations ne semble pas avoir suscité l'enthousiasme de la réflexion au Cameroun. Cette extraordinaire indifférence de la doctrine à l'égard d'une telle recherche justifie tout l'intérêt qu'on lui porte.

À l'analyse, on se rend compte que la réaction de l'État face au phénomène associatif manque pour le moins de cohérence. La puissance publique oscille en effet entre la fermeté et le laxisme.

La fermeté se manifeste à travers l'application de la législation sur les partis politiques et les syndicats. Cette fermeté révèle en pratique la volonté des pouvoirs publics de s'appuyer sur les prescriptions de l'ordre public pour appliquer à ces deux groupements un régime juridique teinté d'un souci de sévérité accrue.

Dans le même temps, l'État manifeste vis-à-vis des associations religieuses et tribales ou claniques une très grande tolérance. C'est pourquoi on assiste à un développement impressionnant de ces types d'associations au niveau national.

Malgré la fermeté dont fait preuve le pouvoir politique en serrant au plus près les partis politiques et les syndicats, la vie associative subsiste dans divers domaines au Cameroun et donne à espérer à un plus grand développement de la protection non juridictionnelle des droits et libertés aux niveaux politique, économique, social, culturel, sportif et environnemental.

INTRODUCTION GENERALE

La liberté d'association fait partie des libertés dites de groupe ou collectives. L'extrême diversité des buts poursuivis par les groupes recouvre les différentes faces de cette liberté : religieuse, économique, humanitaire, culturelle, politique, sociale, environnementale, sportive...

L'idée associative s'est heurtée, pendant longtemps au Cameroun, à de très fortes résistances des pouvoirs publics devant des corps intermédiaires risquant de contrebalancer et, peut-être, de contrecarrer leur autorité **(I)**. Pourtant, depuis les années 90, un changement important, qui constitue un tournant, s'est produit. Les résistances traditionnelles vis-à-vis des associations se sont peu à peu effacées, laissant place à une indiscutable faveur. Cette *montée en puissance* des associations s'est accompagnée d'une sollicitude nouvelle des pouvoirs publics à leur endroit **(II)**.

I. LA NEGATION DE L'ESPACE ASSOCIATIF AVANT 1990

La liberté d'association a été introduite et a évolué au Cameroun dans le cadre de dispositions législatives et réglementaires particulièrement restrictives. Pendant longtemps, le pouvoir politique est resté fort hostile à l'égard de toute forme d'association, dont il craignait, à tort ou à raison, qu'elles devinssent des foyers de contestation politique ou sociale et qu'elles ne tentent d'usurper une partie de l'autorité publique.

Comme l'avait souligné à juste titre le professeur NLEP, « *la méfiance de l'oligarchie politique à l'égard des associations traditionnelles se justifiait à beaucoup d'égards par le fait que certaines parmi elles ont servi de cadre et de moyen à l'agitation politique au lendemain de l'accession du pays à l'indépendance. Or, cette agitation visait à remettre en cause le projet hégémonique du pouvoir central. Le Ngondo chez les Douala, l'Efoula Meyong chez les Bulu, en constituant l'illustration la plus marquante (...). La réaction des autorités politiques ou administratives a donc naturellement été, soit de supprimer (...) lesdites associations, soit d'intégrer leurs activités au sein du parti unique* »[5].

---

[5] **Roger Gabriel NLEP, L'administration publique camerounaise. Contribution à l'étude des systèmes africains d'administration publique,** Paris, LGDJ, 1986. pp. 240 et 241.

Ainsi, dans le but de réaliser l'intégration nationale et de prévenir toute forme d'opposition ou d'agitation, les autorités publiques ont été amenées à étouffer l'expression des particularismes tribaux ou claniques [6] et à limiter en droit et en fait le champ d'application de la liberté d'association.

En effet, en plus de la loi française du 10 janvier 1936 sur la dissolution des associations portant atteinte à l'ordre public [7], le Cameroun a continué à appliquer, après son indépendance et jusqu'en 1967, un ensemble de textes adoptés du temps de la tutelle[8]. Cependant, la réglementation héritée de la tutelle ayant été jugée insuffisante pour assurer une suprématie gouvernementale sans faille, le législateur est intervenu par la loi n°67/L.F/19 du 12 juin 1967 définissant le droit commun des associations[9], qui a abrogé la réglementation française[10] et lui a substitué un ensemble de dispositions plus contraignantes[11].

Cette nouvelle loi instituait le régime d'autorisation préalable pour la création de toutes les catégories d'associations, y compris les partis politiques.

L'inertie du pouvoir réglementaire avait toutefois contribué à mettre en échec ce qu'avait voulu le législateur lorsqu'il prévoyait, à l'article 38 de ce texte, que « *les décrets préciseront en tant que de besoin les modalités d'application de la présente loi, notamment en ce qui concerne les associations agréées et les partis politiques* ». Cette disposition est

---

[6] L'article 4 de la loi n°67/LF/19 du 12 juin 1967 sur la liberté d'association (JORFC 1967, p. 204 suppl.) disposait, par exemple, que « *les associations présentant un caractère exclusivement tribal ou clanique (...) sont nulles et de nul effet* ».
[7] Par un **arrêt du 12 juillet 1956, (sieurs M'PAYE, N'GOM et MOUMIE)**, le Conseil d'État français avait reconnu la légalité du décret du 13 juillet 1955 portant dissolution de l'Union des populations du Cameroun (ci-après désignée UPC) et de ses organisations annexes. Il avait, à cette occasion, admis que la loi du 10 janvier 1936 était applicable au Cameroun.
[8] Il s'agissait précisément de la loi du 1er juillet 1901 sur le contrat d'association, des décrets du 23 octobre 1945, du 13 mars 1946 et du 16 avril 1946.
[9] Les syndicats étaient plus spécifiquement visés par la loi n°68/LF/19 du 18 novembre 1968 relative aux associations ou aux syndicats professionnels non régis par le Code du travail et la loi n°20/LF/19 du même jour tendant à fixer la forme dans laquelle doivent être constitués les syndicats professionnels pour être admis à la procédure d'enregistrement.
[10] A l'exception de la loi du 10 janvier 1936 qui n'était pas formellement abrogée.
[11] Sur tous ces points, voir **Michel PROUZET, Le Cameroun. Collection comment ils sont gouvernés ?** Tome 27, Paris, LGDJ, 1974, pp. 272-273.

restée à l'état de virtualité du seul fait que l'autorité réglementaire compétente, à savoir le président de la République, n'avait pas pris de décrets nécessaires à sa mise en œuvre.

Bien plus, contrairement à l'article 3 de la Constitution de 1972 qui consacrait le pluralisme partisan [12], le Gouvernement allait jusqu'à proclamer « *hors la loi* » tous ceux qui voulaient exercer des activités politiques en dehors du parti unique de fait.

L'attitude du juge administratif ne pouvait que les conforter dans cette position. Elle était le reflet d'une prudence élémentaire qui le poussait à ne pas très souvent mécontenter le puissant pouvoir exécutif. L'illustration par excellence de cette attitude était donnée par les faits de l'espèce SENDE Joseph contre État du Cameroun, objet du jugement rendu le 1er février 1985 par la Chambre administrative de la Cour suprême.

Les circonstances de cette « *troublante* » affaire qui offrait pourtant au juge administratif une occasion idéale de s'opposer à ce qui demeurait une incontestable régression du droit, étaient ainsi résumées par feu le professeur NLEP :

« *A la faveur d'une succession politique aussi soudaine qu'imprévue, un vent de libéralisation et de démocratisation souffle sur la vie politique camerounaise. Le sieur SENDE joseph, s'appuyant sur la Constitution à la lettre et à l'esprit pluraliste, sollicite du juge administratif le rétablissement dans la légalité d'un parti qui a longuement défrayé la chronique politique à la veille comme au lendemain de l'indépendance du jeune État camerounais : l'Union des Populations du Cameroun (U.P.C). Ce faisant, il demande l'annulation de la décision par laquelle, selon ses propres termes, le Gouvernement camerounais étouffe arbitrairement les activités de l'U.P.C. sur toute l'étendue du territoire. Manifestement, l'intéressé avait demandé au Gouvernement de reconnaître l'existence légale de l'U.P.C. conformément aux textes en vigueur. Or, pour toute réponse, il reçoit de la direction générale du Centre National de la Documentation, l'une des polices politiques, une convocation à l'issue de laquelle le Docteur SENDE et l'U.P.C. se voient*

---

[12] Cet article est toujours ainsi rédigé : « *Les partis et formations politiques concourent à l'expression du suffrage. Ils se forment et exercent leurs activités conformément à la loi* ».

notifier la mise en garde ferme de mettre un terme à leur activisme politique, sous peine de s'exposer à de graves ennuis»[13].

L'enjeu de la stratégie d'intimidation était d'amener le requérant à renoncer à son projet qui, il faut le souligner, aurait perturbé l'ordre établi en cas de succès. Le docteur SENDE, médecin, va persister dans son offensive en arguant « *que pour nuire profondément à la libre gestion de l'univers politique national, l'État a sciemment refusé de prendre des décrets d'application de la loi n°67/LF/19 du 12 juin 1967 (article 38), bloquant ainsi la vie politique au profit de l'Union Nationale Camerounaise, dont on sait pourtant qu'elle n'est point un parti unique légalement consacré* ».

Mais, l'appréciation hâtive des motifs pertinents soulevés par le requérant a conduit le juge de l'espèce à occulter le problème de fond qu'il était appelé à résoudre, à savoir l'illégalité de la non reconnaissance de l'UPC[14], pour examiner en surface si le requérant justifiait de la qualité et d'un intérêt direct à l'annulation de l'acte. Dès lors, il ne pouvait conclure que par la négative.

Il apparaît manifestement que les argumentations évoquées par le juge de l'espèce pour dénier la qualité pour agir en justice au docteur SENDE semblaient légères et, à bien des égards, critiquables. Deux séries d'objections pouvaient être développées à leur encontre :

En premier lieu, le juge semblait minimiser le caractère clandestin du parti UPC et son impartialité était mise en doute devant une question aussi délicate et difficile. Il était impossible, dans les conditions que l'on savait, de légaliser une procuration en vue de défendre les intérêts d'un parti politique auquel les autorités administratives avaient toujours dénié toute existence légale depuis l'accession à l'indépendance et qui n'aurait été reconnu que pour des questions d'opportunité et de stratégie à l'accession à l'indépendance.

---

[13] V. **R.G. NLEP**, « *Note sous Cour Suprême, Chambre Administrative, jugement du 1er février 1985* », Recueil *Penant* n°792, 1986, pp. 503-504.
[14] Justifiant son combat judiciaire pour la (ré) légalisation de l'UPC sous le régime du président BIYA, le docteur SENDE déclara : « *... Il y avait la persécution sous AHIDJO. Je ne pouvais pas être candidat à la mort. BIYA a apporté le renouveau. Il veut jouer cartes sur table. Je n'ai aucun conflit de personne avec M. BIYA. En sa qualité de Président de la République, je lui dois tout le respect d'un citoyen. Mais en tant que chef de parti, il doit discuter avec nous. Il dit que mon parti n'existe pas. Je dis qu'il existe et je me réfère à la Constitution* ».

En second lieu, le juge semblait lier la qualité pour agir à l'appartenance du requérant au noyau dirigeant d'une association, comme si un simple membre ne pouvait *ester en justice* pour défendre les intérêts d'un groupe auquel il appartient, dès lors qu'il estime que ceux-ci sont menacés[15].

Le même processus se développait sur le plan syndical. Et, a-t-on notamment relevé, « *la création en 1972 de l'Union Nationale des Travailleurs Camerounais (U.N.T.C.) était la consécration de l'optique monolithique en matière politique et syndicale. Après la négation de la démocratie politique, l'on assistait à la négation de la démocratie économique dont le syndicalisme est une des composantes. L'U.N.T.C. était le prototype idéal de la machine à étouffer la liberté syndicale; l'option était désormais entre l'appartenance à la nouvelle centrale et l'illégalité* »[16].

En réalité, la tendance était d'être plus sévère pour les associations intervenant dans la vie politique[17] que pour les autres.

---

[15] V. **Note R. G. NLEP,** précitée, p. 505. C'est ainsi que s'est développée une tendance à l'adoption d'une conception restrictive de la notion de qualité pour agir, tendance déjà perceptible dans le **jugement n°8 du 29 novembre 1979, MBOUENDEU Jean de dieu et Elites Banka contre État du Cameroun**. Il suffit de comparer avec la position adoptée en cette matière par le juge français, depuis le célèbre arrêt du **Conseil d'État en date du 29 mars 1901, CASANOVA** (GAJA n°8, S. 1901-3-73 **Note HAURIOU**), où il fut admis qu'un requérant, qui ne pouvait arguer que de sa qualité et de son intérêt de contribuable d'une commune, pouvait déférer devant le juge de l'excès de pouvoir une délibération municipale obligeant les contribuables à rémunérer un médecin auquel certains pouvaient ne pas faire appel. Plus proche de nous, le **Conseil d'État** n'avait-il pas déclaré recevable les recours des **Sieurs M'PAYE, NGOM et MOUMIE** visant à annuler le décret de 1955 portant dissolution de l'UPC alors que le Secrétaire général de ce parti, Ruben UM NYOBE était encore en vie à l'époque et n'avait pas engagé une instance contentieuse à cette fin ? (**C.E, 2 juillet 1956, M'PAYE, NGOM et MOUMIE,** Recueil *Penant* 1957, p. 322, **Note LAMPUE**). Et, quelque temps après, le **Conseil d'État** n'avait-il pas déclaré recevable le recours de **M. BAKARY Djibo** contre l'interdiction de son parti, alors que le requérant, au moment du jugement, se trouvait exclu de ce parti ? (**CE, 30 novembre 1956, BAKARY Djibo,** Recueil *Penant*, 1957, p. 723).
[16] V. **Léon KAPTUE, « Droit et syndicalisme au Cameroun »,** in **Les Orientations du droit du travail camerounais après la réforme du 14 août 1992,** *Revue Juridique Africaine,* (Yaoundé), 1994, p.75.
[17] Ce fut notamment le cas pour les syndicats. Cf. **Pierre-François GONIDEC, Les systèmes politiques africains,** 2e édition, Paris, LGDJ, 1978, p. 68 : « *malgré la répression sévère, écrivait-il, les syndicats furent une force de contestation non*

Ainsi, si l'application des prohibitions des associations tribales ou claniques fut parfois assouplie dans la pratique[18], le principe même de ces prohibitions ne fut pas remis en cause. Bien au contraire[19].

Avec le mouvement de démocratisation et de libéralisation de la vie publique commencé en 1990[20], l'idée d'une réforme du droit d'association apparut très rapidement, pour une raison simple : c'est un fait bien connu que, dans la société contemporaine, le développement des libertés publiques implique la reconnaissance et l'aménagement de la liberté d'association; car a-t-on noté avec clairvoyance, « *l'association est un cadre presque indispensable pour l'exercice de la plupart des libertés* »[21].

L'évolution du droit s'amorce alors avec la loi n°90/53 du 19 décembre 1990 qui organise à nouveau, de façon générale, la liberté d'association, conformément aux termes, du préambule de la Constitution du 2 juin 1972, de l'article 20 de la Déclaration universelle des droits de l'homme du 10 décembre 1945[22], de l'article 22 du Pacte international sur les droits civils et politiques de 1966[23] et de l'article 10 de la Charte africaine des droits de l'homme et des peuples[24] de 1981 ; étant entendu

---

négligeable... », cité par L. KAPTUE, « **Droit et syndicalisme au Cameroun** », article précité, pp. 70-71.

[18] Comme l'illustre, de façon pittoresque, ce passage, extrait de *Cameroon tribune* du 23 juin 1985 : « *association des élites du village A par-ci, ressortissants de la province de (...) vivant à (...) par-là. Ce sont là des dénominations qui se bousculent désormais dans notre pays. Chose grave, ces divers groupements sont de véritables cercles fermés : "les autres" en sont exclus ; en fait, il s'agit très souvent de chapelles de tribalisme et de régionalisme sous le couvert du développement* ».

[19] Cette prohibition a été à nouveau consacrée par l'article 9 de la loi n°90/056 du 19 décembre 1990 sur les partis politiques.

[20] On lira, avec intérêt, les analyses menées sur ce mouvement par le professeur **Maurice KAMTO, « Quelques réflexions sur la transition vers le pluralisme politique au Cameroun »**, in Gérard CONAC (dir.), **L'Afrique en transition vers le pluralisme politique**, Paris, Economica, 1993, pp. 209-235.

[21] V. **Charles DEBBASCH et Jacques BOURDON, Les associations,** Paris, PUF., Que sais-je ? 1985, pp. 13 et 14.

[22] Selon l'article 20 de la Déclaration universelle des droits de l'homme, alinéa 1er « *toute personne a le droit à la liberté de réunion et d'association pacifiques* », et alinéa 2, « *nul ne peut être obligé de faire partie d'une association* ».

[23] D'après l'article 22 alinéa 1 du Pacte international relatif aux droits civils et politiques, « *toute personne a le droit de s'associer librement avec les autres (...) pour la protection de ses intérêts* ».

[24] Selon l'alinéa 1er de l'article10 de la Charte africaine des droits de l'homme et des peuples de 1981, « *toute personne a le droit de constituer librement des associations*

que ces derniers textes internationaux cités ont été élevés à la dignité constitutionnelle. Dès lors, ils possèdent une double nature dans l'ordre juridique national, constitutionnelle et conventionnelle et ils ont vocation à servir de normes de référence du contrôle de constitutionnalité et du contrôle de conventionalité des lois.

La loi de 1990 marquait donc une rupture avec une longue tradition de réticence à l'égard des pratiques associatives. Le champ d'intervention des associations a connu aujourd'hui une extension spectaculaire, au point qu'aucun aspect de la vie en société ne leur est étranger. Ce changement d'échelle, dans l'ordre quantitatif, s'est en outre accompagné d'une transformation qualitative du rôle des associations, et donc de leur place au Cameroun.

II. L'AUTONOMISATION DE l'ESPACE ASSOCIATIF APRES 1990

Ces trois dernières décennies, on a assisté à un développement impressionnant du fait associatif au niveau national. Les individus s'associent de plus en plus pour assurer la défense d'intérêts ignorés ou méconnus liés à la santé, aux activités culturelles, à la consommation, au cadre de vie, à l'environnement, aux droits et libertés consacrés en droit positif.

Cette vitalité nouvelle de l'organisation associative s'explique par des raisons variées. On peut en déceler quelques-unes qui sont, à nos yeux, essentielles :

En premier lieu, la crise de l'État sous ajustement structurel[25] a permis aux associations d'étendre leur influence au détriment d'une administration centrale, autrefois omniprésente et omnipotente, mais inefficace et inefficiente.

---

avec d'autres, sous réserve de se conformer aux règles édictées par la loi » et l'alinéa 2 dispose que « *nul ne peut être obligé de faire partie d'une association, sous réserve de l'obligation de solidarité prévue à l'article 29* ».

[25] On lira avec grand profit les réflexions faites sur l'État sous ajustement structurel par les professeurs **Magloire ONDOA**, in « **Le droit public des États africains sous ajustement structurel : l'exemple du Cameroun** », les Actes du **Premier Colloque Georges W. NGANGO**, Paris, Economica, 2001, pp. 3 et suivantes et, surtout, **Maurice KAMTO**, « **Pauvreté et souveraineté dans l'ordre international contemporain** », Mélanges Paul ISOART, Paris, Pedone, 1996, pp. 284-305.

Comme on l'a souligné pertinemment, « *les programmes d'ajustement structurel ont remis en cause le monopole du pouvoir dont disposait l'État, et l'État africain, autrefois unique récipiendaire et partenaire de l'aide internationale, a perdu son statut d'organe le plus favorisé. Ces changements ont permis aux autres acteurs du développement d'occuper la place ainsi libérée* »[26].

Pour davantage contourner les États et émietter leur action, il est désormais admis qu'en plus des collectivités locales, il existe d'autres acteurs dans le secteur du développement local qu'il faut appuyer. C'est dans cette perspective en effet que la Convention de Lomé IV, telle que révisée par l'accord signé à Maurice le 04 novembre 1995, proposait d'ouvrir la coopération de l'Union européenne à une large gamme d'acteurs non gouvernementaux[27].

Cette forme de coopération, qualifiée non plus seulement de « *décentralisée* », mais cette fois-ci de « *non étatique* », n'est plus réservée uniquement aux municipalités, mais également aux Organisations non gouvernementales (O.N.G.), aux associations qui œuvrent pour le développement à la base, en faisant participer la population bénéficiaire à la formulation des projets de développement[28].

La tendance néfaste qui poussait l'État à tout régenter et à ramener insensiblement à lui l'ensemble de la vie sociale s'est trouvée ainsi ébranlée.

Ce qui conduit logiquement à affirmer qu'au Cameroun, « *l'État n'est plus la source de vie. Il doit faire place aux initiatives créatrices des individus et des groupes et accepter d'être contourné. L'intérêt général doit être, dans toute la mesure du possible, mis au pluriel, parcellisé, décentralisé et pris en charge par les associations* »[29], les Organisations

---

[26] **Jean BOSSUYT, La Coopération décentralisée et le secteur public africain : plusieurs acteurs en quête d'auteur,** Publications de ECDPM, 1994, p.2.

[27] V. Titre IX de la 2éme Partie et Section 4 bis (nouveau) du Titre III de la 3éme Partie de la Convention de Lomé IV révisée in *Le Courrier*, bimestriel n°154, janvier-février 1996. La Convention de Cotonou du 23 juin 2000 entre l'Union européenne et 71 pays d'ACP pour la période 2000-2007 a remplacé la Convention de Lomé IV (1975 à 1999).

[28] Pour d'utiles précisions sur ce point, lire notamment **Célestin KEUTCHA TCHAPNGA, « Désétatisation et nouvelles configurations du pouvoir en Afrique Subsaharienne »,** *Afrique Juridique et Politique*, La Revue du CERDIP, Libreville (Gabon), Volume 3, n°5, janvier-juin 2007, pages 35-77.

[29] V. **Jacques CHEVALIER,** « L'association entre public et privé », R.D.P., 1981, pp. 887-917, notamment p. 903.

non gouvernementales, dont le rôle apparaît dès lors comme une réponse aux besoins des populations africaines et comme un substitut aux lacunes des organes institutionnels nationaux.

Sans doute les associations demeurent-elles, dans leur grande majorité, le lieu naturel d'engagement des citoyens désireux de défendre leurs intérêts sectoriels, de promouvoir les causes auxquelles ils sont attachés et d'organiser les conditions de leur épanouissement personnel.

Mais, au-delà, une tendance majeure s'est, en deuxième lieu, manifestée. Elle a profondément modifié le rôle du monde associatif.

L'association, créée par les particuliers et qui devait agir dans une sphère indépendante de l'action administrative, a de plus en plus été associée à cette action, apparaissant ainsi comme un collaborateur privilégié des pouvoirs publics nationaux et locaux et, à ce titre, bénéficiant d'un financement public[30]. Elle constitue souvent le support juridique d'un véritable service public. Relèvent de cette catégorie, les partis politiques qui se sont vus reconnaître un rôle officiel au sein de l'État.

On sait, en effet, que l'article 3 de la Constitution du Cameroun de 1996, en affirmant que « *les partis et formations politiques concourent à l'expression du suffrage* » et l'article 1er de la loi n°90/056 du 19 décembre 1990 en se bornant juste à préciser que « *les partis politiques sont des associations qui concourent à l'expression du suffrage* », négligeaient leur rôle dans la formation de l'opinion publique, la diffusion des idéologies, la fonction parlementaire ou gouvernementale et ne rendaient pas justice du rôle effectif des partis ni de leur place grandissante dans la vie politique.

Un pas a été franchi avec la loi n°2000/015 du 19 décembre 2000 relative au financement des partis politiques et des campagnes électorales[31] qui ne réduit plus ce rôle à l'activité électorale *stricto sensu*. Elle a pris clairement en compte les activités des partis entre deux élections auprès des militants, des adhérents ou du public, leur rôle dans

---

[30] En ce sens, s'agissant de la France, lire **Jean Paul NEGRIN, « L'utilisation par l'administration des associations de la loi de 1901 »**, R.F.A.P. 1989, pp. 549-582.

[31] Il est à souligner que la loi n°2000/015 du 19 décembre 2000 relative au financement des partis politiques et des campagnes électorales a été abrogée et remplacée (pas de manière substantielle) par les dispositions du Titre XI (article 275 à 287) de la loi n°2012/001 du 19 avril 2012 portant Code électoral.

l'attribution des investitures et leur participation à l'encadrement, à l'information et à l'éducation civique de la population. Les fonctions ainsi imparties aux partis politiques par la Constitution et par la loi n°2000/015 justifient, sur le plan juridique, l'introduction du financement sur fonds publics de leurs activités permanentes. Ils sont désormais considérés comme des *organismes de droit privé qui participent à l'exécution d'une mission d'intérêt général*[32].

En outre, depuis près d'une vingtaine d'années, sous des noms divers : unions de quartier, comités de quartier, comités de vigilance, des associations d'habitants se sont constituées sous la forme d'associations de la loi de 1990, pour essayer de prendre en charge, du fait des carences de l'État [33], mais très souvent avec les soutiens multiformes des responsables locaux du maintien de l'ordre public[34], la protection et la sécurité et des biens des personnes.

---

[32] C'est à l'égard du financement des dépenses couvrant les activités permanentes des partis politiques légalement reconnus que le législateur a réalisé l'œuvre la plus originale, puisqu'il a posé en l'espèce une solution inédite qui ne s'inscrivait absolument pas dans la tradition. Il serait en revanche excessif de parler d'une instauration du financement sur fonds publics des campagnes électorales. La nouvelle législation ne prévoit en fait qu'une participation plus active de l'État, qui contribuait déjà, dans une certaine mesure, aux frais qu'elles pouvaient impliquer. Pour d'amples précisions sur tous ces points, V. **C. KEUTCHA TCHAPNGA, « Le financement des partis politiques et des campagnes électorales au Cameroun. A propos de loi n°2000/015 du 19 décembre 2000 »,** Annales de la Faculté des Sciences Juridiques et Politiques de l'Université de Dschang, Tome 10, 2006, pages 273-294 et **Champlain DOUKENG ZELE, « Quelques réflexions sur la loi relative au financement des partis politiques et des campagnes électorales au Cameroun »,** Juridis Périodique n°58, avril-mai-juin, 2001, p. 59.

[33] V. **Eric NGWA FORBIN, « Les Comités de vigilance et l'État de droit au Cameroun »,** Cahiers Africains d'Administration Publique, n°62, 2004, pp. 19-32, notamment, p. 20 : « *Le phénomène de groupes d'Auto-défense est avant tout une réponse à l'exigence naturelle d'un minimum d'ordre et de sécurité auquel aspire tout citoyen* » et, poursuit l'auteur, « *malgré (...) les dépenses énormes consacrées à la sécurité, nonobstant le renforcement des sanctions contre les atteintes à l'ordre public, les carences des institutions républicaines vont se faire sentir aussi bien en temps normal qu'en circonstances exceptionnelles et l'apparition des groupes d'Autodéfense en est le signe* ».

[34] L'arrêt n°4, rendu par l'**Assemblée Plénière de la défunte Cour fédérale de justice le 4 novembre 1965, Dame KIEFFER Marguerite** contre État du Cameroun est, sur ce point, très explicite : « *attendu que... les groupes d'Autodéfense avaient été constitués avec l'autorisation tacite du Maire de Nkongsamba et du Préfet du Mungo pour suppléer à l'insuffisance du service d'ordre. Que l'auteur de cet accident, qui a été condamné pour homicide par imprudence par le Tribunal correctionnel de*

L'essor du mouvement associatif est, en troisième lieu, une des retombées de l'extension prodigieuse de l'instruction et de l'éducation dont les progrès fantastiques sont dus tant à l'élévation du niveau de vie, à la multiplication des écoles et des étudiants qu'aux médias de communication qui ont fait irruption dans nos existences quotidiennes et singulièrement la télévision[35].

L'accroissement du rôle des associations dans la sphère économique est, enfin, une autre des évolutions majeures qui ont marqué la vie associative au cours des trois dernières décennies. Même si la loi de 1990 n'interdit pas à une association de faire des bénéfices - *dès lors qu'elle ne les redistribue pas* - l'exercice direct ou indirect d'activités économiques et commerciales est un incontestable facteur de brouillage de la distinction entre associations et société.

Par ailleurs, la nouvelle loi, contrairement au droit français et aux textes camerounais antérieurs, ne retient plus le critère de « *permanence* » pour définir l'association. Après avoir précisé à l'article 1er alinéa 2 que «*la liberté d'association est la faculté de créer une association, d'y adhérer ou de ne pas y adhérer*», l'article 2 de cette loi prescrit simplement qu'elle « *est la convention par laquelle des personnes mettent en commun leurs connaissances ou leurs activités dans un but autre que de partager des bénéfices* ».

Ainsi, une réunion ou une manifestation, action concertée sans prolongement immédiat, peut être considérée comme répondant aux critères de définition de l'association ; ce qui est de nature à entraîner des erreurs sémantiques et par suite, des confusions.

En outre, malgré des apparences libérales, cette loi de 1990 se situe, sur certains points essentiels, légèrement en retrait par rapport aux textes hérités de la tutelle.

Nkongsamba, doit donc être considéré comme ayant été en service au moment des faits et que la jurisprudence concernant les fonctionnaires de fait doit trouver son application en l'espèce ». Dans le même sens, comme l'a souligné **M. E. NGWA FORBIN**, in « **Les Comités de vigilance et l'État de droit au Cameroun** », article précité, p. 30, le 18 août 2000, « *le sous-préfet de l'arrondissement central de Bamenda a demandé à tous les « fons », les chefs traditionnels et les chefs de quartiers de (cet arrondissement) de déposer à son Bureau le lundi 21 août 2OOO à 9 heures une liste complète des membres de l'antigang des différentes zones pour confirmation* ».

[35] V. **André HOLLEAUX**, « **Le phénomène associatif** », *Revue Française d'Administration Publique* n°8, octobre-décembre 1978, pp. 683-725, p. 725.

Certes, elle apporte quelques changements significatifs : elle reconnaît la parfaite légalité des associations non déclarées ; ce qui constitue l'un de ses aspects les plus libéraux; elle institue ensuite la décision implicite d'acceptation dans certains cas précis et elle confère enfin de nouvelles garanties au profit des fondateurs d'une association.

Mais, contrairement à une opinion très répandue, elle soumet la constitution de la plupart d'associations à l'autorisation administrative préalable ou à un régime très proche du système préventif.

Cette loi promeut enfin la diversité puisqu'elle précise que des textes particuliers[36] vont régir les associations sportives[37], les Organisations non gouvernementales[38], les syndicats et les partis politiques. Ces derniers ont vu leur régime aménagé par la loi n°90/056 du 19 décembre 1990[39]; alors que la loi n°92/007 du 14 août 1992 portant Code du travail[40] est venue rétablir la liberté syndicale, c'est-à-dire « *la liberté d'association appliquée à la défense des intérêts professionnels* »[41].

L'ensemble constitué par les textes ci-dessus cités, qui n'ont pas réalisé de progrès notables par rapport au régime général des associations institué par la loi de 1990, sera l'objet de la présente étude.

Cet ensemble législatif donne aux règles applicables en matière d'association un visage dominé par le souci de préserver à la fois l'intérêt général et l'ordre public[42], de favoriser le développement économique et social et de promouvoir davantage les droits et libertés.

---

[36] Article 5 (4) (nouveau) issu de la loi n°99/011 du 20 juillet 1999 modifiant et complétant certaines dispositions de la loi n°90/053 du 19 décembre 1990 relative à la liberté d'association.

[37] V. loi n°2011/018 du 15 juillet 2011 relative à l'organisation et à la promotion des activités physiques et sportives, loi publiée dans *Juridis Périodique* n°87, juillet-août-septembre 2011, pp. 4-15.

[38] V. loi n°99/014 du 22 décembre 1999 régissant les ONG.

[39] Sur les partis politiques, cf. **Cameroun. Droits et libertés. Recueil des nouveaux textes,** Yaoundé, Sopecam, décembre 1990, pp. 57-60.

[40] Cf. loi n°92/007 du 14 août 1992 portant Code du travail avec le Commentaire du professeur **Paul Gérard POUGOUE**, *Juridis Info* n°12.octobre-novembre-décembre 1992, pp. 7-44. Ce Code a été complété par les décrets n°93/574 du 15 juillet 1993 fixant la forme des syndicats admis à la procédure d'enregistrement et n°93/576 du même jour fixant la forme du certificat d'enregistrement d'un syndical, publiés dans *Juridis Info* n°15, juillet-septembre 1993, pp. 25-26 et 30.

[41] V. **Jean RIVERO, Les Libertés publiques. Tome 2, Le régime des principales libertés,** Paris, collection Thémis, PUF, 2ᵉ éd., 1980, p.339.

[42] La doctrine souligne que l'ordre public ne se confond pas avec l'intérêt général en ce que le premier serait un démembrement ou une sectorisation du second et marquerait

Comment le législateur a-t-il résolu ces différentes préoccupations difficilement conciliables entre elles ?

Telle est la question fondamentale que pose le sujet proposé. Cette interrogation est d'autant plus importante qu'une étude d'ensemble sur le régime juridique des associations en général ne semble pas avoir suscité l'enthousiasme de la réflexion au Cameroun[43]. Cette extraordinaire indifférence de la doctrine à l'égard d'une telle recherche justifie tout l'intérêt qu'on lui porte.

A l'analyse, on se rend compte que la réaction de l'État face au phénomène associatif manque pour le moins de cohérence. La puissance publique oscille en effet entre la fermeté et le laxisme. La fermeté se manifeste notamment à travers l'application de la législation sur les partis politiques et les syndicats. Dans le même temps, l'État a, en général, manifesté vis-à-vis des associations religieuses et tribales ou claniques une très grande tolérance. C'est ce que nous allons essayer de démontrer, en mettant en relief, tant que faire se peut, les points saillants et les zones d'ombre du droit positif camerounais des associations.

---

plutôt l'objet de la police administrative, tandis que la notion plus étendue d'intérêt général engloberait la finalité des activités administratives. Voir sur ce point **Etienne PICARD, La notion de police administrative,** Paris, LGDJ, 1984, pp. 228-229 (l'auteur observe néanmoins que la police peut aussi se préoccuper de l'intérêt général, en plus de l'ordre public au sens strict). Dans le même sens. cf. **Paul BERNARD, La notion d'ordre public en droit administratif,** Paris, LGDJ, 1962, pp. 28, 146.147, 229, 263, et 264. et **C. VIMBERT**, « L'ordre public dans la jurisprudence du Conseil constitutionnel », R.D.P. 1994, pp. 693-745, p.705.

[43] Quelques études ont toutefois abordé substantiellement une des formes de l'association ou un aspect de la question. Il en est ainsi notamment de : **Léopold DONFACK SOKENG**, « L'institutionnalisation de l'opposition : une réalité objective en quête de consistance », in **Luc SINDJOUN** (dir.), **Comment peut-on être opposant au Cameroun ? Politique parlementaire et politique autoritaire,** Dakar, CODESRIA, 2004, 350 pages. **Alain Didier OLINGA**, « Un parti politique d'opposition est-il banal ? Le régime juridique des partis politiques », in **Luc SINDJOUN** (dir.), *op. cit.,* **Félix ONANA ETOUNDI**, « La pratique de la loi n°90/053 du 19 décembre 1990 relative à la liberté d'association », *Cahier Africain des Droits de l'homme* n°4, juillet 2000, pp. 323 et suivantes. **Apollinaire AMOUGUI**, « **Réflexions sur la loi n°99/014 du 22 décembre 1999 régissant les ONG** », même Revue, pp. 235 et suivantes... Pour un essai de synthèse du régime des associations en général, lire **Célestin KEUTCHA TCHAPNGA, « Le régime juridique des associations en droit camerounais »,** *Revue Marocaine d'Administration Locale et de développement* (REMALD*),* Rabat, n°36, janvier-février 2001, pp. 37-63.

La formulation du sujet en impose la démarche méthodologique. Elle sera essentiellement juridique. L'approche juridique ne permettant pas toutefois de donner une idée précise de la réalité du mouvement associatif au niveau national, nous allons tenir également compte de l'apport de la sociologie juridique, de l'histoire et, enfin, de la méthode comparative dont l'intérêt n'est plus à prouver. Comme l'a fait observer une voix autorisée, « *tout juriste est et doit être un comparatiste* », car il y gagne « *une faculté d'approfondissement des notions fondamentales et une certaine modestie à l'égard de son droit national* »[44].

Nous allons donc, dans une perspective binaire, partir de l'examen des règles juridiques relatives à la reconnaissance des associations par l'administration **(Première partie)**, pour aboutir à l'étude de celles relatives au fonctionnement des associations **(Seconde partie)**.

---

[44] V. Roland **DRAGO**, « **Droit comparé** » in Denis **ALLAND**, Stéphane **RIALS**, **Dictionnaire de la culture juridique,** Paris, PUF, 2003, p.456.

Première partie

LE REGIME JURIDIQUE DE LA RECONNAISSANCE DES ASSOCIATIONS PAR L'ADMINISTRATION

La liberté d'association comporte un double aspect : positif, la liberté de s'associer et négatif, la liberté de ne pas s'associer. Elle est une liberté individuelle qui ne peut, en principe, s'exercer que collectivement. La formule offerte par la loi n°90/053 comporte quatre possibilités : l'association non déclarée, dépourvue de la personnalité morale [45], l'association déclarée qui permet d'obtenir la capacité juridique, l'association autorisée et l'association reconnue d'utilité publique, assortie d'une capacité juridique élargie permettant de recevoir des libéralités.

Hormis les associations non déclarées qui peuvent se former librement, les autres types d'associations sont soumis à l'autorisation administrative préalable ou à la déclaration préalable.

Dans les régimes des contrôles, une distinction fondamentale oppose le système répressif et le système préventif. Le premier implique que la liberté peut s'exercer librement, le contrôle visant seulement à réprimer *a posteriori* les infractions à la loi. Le second permet au contraire à l'administration d'intervenir à l'avance et d'imposer une restriction au déroulement de la liberté, afin d'éviter les troubles que son exercice risque de faire apparaître.

C'est sous l'angle de la théorie des libertés publiques que cette distinction est généralement présentée, du fait que seul le régime préventif apparaît comme une limitation de la liberté. Mais la distinction

---

[45] Désormais, les associations non déclarées existent légalement au Cameroun. Il faut toutefois garder présent à l'esprit que la Cour suprême statuant en matière administrative avait déjà donné toute sa portée au principe de libre constitution des associations en admettant dans le **jugement du 29 novembre 1979, Elites Banka représentées par MBOUENDEU Jean de Dieu**, qu'une association non déclarée et, dans l'**arrêt n°178 du 28 mars 1972, MOUELLE KOULA Eitel**, qu'une association dissoute sont recevables à former des recours pour excès de pouvoir contre les décisions de l'administration. La solution n'était pourtant pas évidente au regard des textes antérieurs, notamment de la loi de 1967 qui régissait alors les associations.

intéresse aussi la technique de droit administratif des régimes de contrôle, leur rattachement au système préventif ou répressif entraînant des conséquences logiques[46].

La déclaration préalable, comme on va essayer de le démontrer, se situe incontestablement dans le régime répressif. En revanche, parmi les procédés juridiques dont on admet que dispose traditionnellement l'administration camerounaise pour contrôler la liberté d'association, il en est un, celui de l'autorisation administrative préalable, qui se distingue assez nettement des autres par son extrême vigueur.

En fait, « *la méthode utilisée, qui consiste à subordonner l'exercice de telle ou telle activité à une obligatoire requête auprès de l'administration, correspond à une technique de surveillance extraordinairement efficace, puisque cet exercice ne sera en aucun cas possible sans une réponse favorable de la part de l'autorité compétente* »[47].

L'autorisation et la déclaration préalables apparaissent ainsi comme étant les deux actes juridiques essentiels ayant pour objet de permettre à l'État de s'assurer que l'exercice de la liberté d'association est, sinon conforme, du moins compatible avec un but quelconque d'intérêt général.

Les pouvoirs publics qui utilisent ces notions se soucient peu de les définir. Très souvent, ils dénomment « *déclaration* » des actes qui ont juridiquement les caractères d'une autorisation. L'on voudrait ici contribuer à les éclaircir, sans d'ailleurs avoir l'ambition d'étudier de façon exhaustive ces deux concepts, dont le maniement nécessite beaucoup plus de dextérité qu'il n'y parait au premier abord. On s'en convaincra aisément en examinant d'abord le régime juridique des associations déclarées **(Chapitre I)** et, plus longuement, le régime juridique des associations autorisées, car l'étude de ses applications permettra de constater la plasticité actuelle du procédé **(Chapitre II)**.

---

[46] V. **André DE LAUBADERE, Traité de droit administratif,** Tome 3, volume 1, 2ème édition, 1971, n°70.
[47] V. **Pierre LIVET, L'autorisation administrative préalable et les libertés publiques,** Paris, LGDJ, 1974, p.1.

Chapitre I

LE REGIME JURIDIQUE DES ASSOCIATIONS DECLAREES

Avant de déterminer les formes de déclaration consacrées par le législateur **(Section II)**, il convient au préalable de rechercher de quelle tradition elle relève : du régime préventif, expression d'un contrôle préalable reflétant la présence de l'autorité administrative, gardienne de l'ordre, *a priori* suspecte aux libéraux ? Ou du régime répressif qui attend de l'autorité compétente intervenant *a posteriori,* les seules limitations concevables pour l'exercice de la liberté d'association ? **(Section I)**.

Section I. LA PLACE DE LA DECLARATION PREALABLE DANS LES TECHNIQUES D'AMENAGEMENT DES LIBERTES

Les rapports entre déclaration préalable et régime répressif ou régime préventif demeurent en doctrine discutés **(Paragraphe I)**. Mais, à l'analyse, il y a entre déclaration préalable et régime répressif, des liens très particuliers **(Paragraphe II)**.

Paragraphe I. Les divergences doctrinales

La déclaration préalable est une notion juridique que la doctrine a peine à intégrer dans les catégories bien tranchées chères aux juristes[48]. L'étude de quelques manuels de libertés publiques suffit à s'en convaincre, puisqu'elle apparaît tantôt dans les développements consacrés au régime préventif[49], tantôt dans ceux qui concernent le régime répressif. Parfois, on évoque une catégorie *sui generis* ou hybride.

Pour Claude Albert COLLIARD, elle « *est située à la charnière du régime répressif et du régime préventif* »[50].

---

[48] V. **Pierre MARIE MARTIN**, « La déclaration préalable à l'exercice des libertés publiques », A.J.D.A. 1975. p. 436.
[49] V. **Jacques ROBERT, Libertés publiques,** 1971, p. 107. Dans son article intitulé « **Les libertés publiques et la justice** », publié dans *Le Monde* du 10 juillet 1971, cet auteur classe toutefois la déclaration d'association dans le régime répressif.
[50] **Claude Albert COLLIARD, Libertés publiques,** Paris, Précis Dalloz, 1972, p.110.

Le doyen BONNARD[51], MM. De LAUBADERE[52] et BURDEAU[53] la présentent franchement comme une modalité du système répressif.

L'opinion dominante en doctrine, représentée par MM. RIVERO ET LIGNEAU, penche pour une certaine autonomie de la déclaration préalable.

Selon, par exemple, le professeur RIVERO, « *en tant que procédé d'information et de publicité, la déclaration est étrangère tant au système préventif qu'au système répressif. Mais elle peut, selon les cas, déboucher soit sur l'un, soit sur l'autre* »[54].

Dans le même sens, M. LIGNEAU soutient que « *la double autonomie relative reconnue à la déclaration par rapport à chacun des deux systèmes d'aménagement des libertés justifie en définitive son identification comme mode original de contrôle en doctrine et son classement à part* »[55].

On ne saurait conclure sur le bien-fondé des opinions en présence sans avoir au préalable pris parti sur la place de la déclaration dans les techniques d'aménagement des libertés.

Paragraphe II. La position adoptée : la déclaration, technique juridique du régime répressif

Les analogies de la déclaration préalable avec le régime préventif apparaissent certes dans les buts. Avec son objectif fondamental qui est de tenir l'administration informée, elle facilite elle-même la prévention :

---

[51] **BONNARD, Note sous C.E., 24 octobre 1930,** S. 1931, III. 1.
[52] **A. DE LAUBADERE, Traité de droit administratif,** *op.cit.*, n°70.
[53] **George BURDEAU, Les libertés publiques,** Paris, LGDJ, 1966. Cet auteur n'examine pas la déclaration préalable en tant que telle, mais la définition qu'il donne (p. 31) du régime répressif (*l'État laisse le citoyen libre d'agir selon sa propre détermination, quitte à l'obliger à subir les conséquences de ses actes s'ils sont contraires au droit*) semble bien inclure la technique de la déclaration préalable.
[54] V. **Jean RIVERO, Les libertés Publiques. Tome 1, Les droits de l'Homme,** Paris, PUF, 1987, pp. 200-224. Cet auteur étudie successivement le régime répressif, le régime préventif et « *en marge de ces deux systèmes, la technique particulière de la déclaration préalable* ».
[55] **Philippe LIGNEAU, « Le procédé de la déclaration préalable »,** R.D.P. 1976, p. 742. Dans le même ordre d'idées, **P. MARIE MARTIN** estime que la déclaration, en tant que technique juridique, peut servir à déterminer tantôt un régime préventif, tantôt un régime répressif, tantôt un régime hybride selon la liberté qui est en cause, in « **La déclaration préalable à l'exercice des libertés publiques** », précité, p. 437.

« *En toute hypothèse, la déclaration permet à l'administration informée de prendre les mesures propres à prévenir des troubles* »[56].

Or, le conflit observé en 1971 en France entre le juge constitutionnel et le législateur à propos des modifications proposées au régime des associations montre à quel degré de confusion peut conduire l'utilisation maladroite de ces analogies. Rappelons qu'à cette occasion, le Conseil constitutionnel a confirmé « *l'autonomie du procédé de la déclaration par rapport aux techniques préventives* »[57].

Le raisonnement que l'on peut tenir pour justifier que la déclaration est une modalité du régime répressif est le suivant : sans information, l'autorité publique ne peut remplir sa mission de surveillance générale ou ses fonctions particulières dans l'application d'une police spéciale.

Dans un régime de déclaration, le législateur fait confiance au particulier qui veut exercer une liberté. Cette formalité apparaît comme la condition posée à la réalisation de la liberté envisagée. C'est une condition suspensive et son omission ou son irrégularité expose son auteur à des sanctions dont le registre est très varié.

Mais, dans le cas où ce particulier viole une norme, il s'expose à subir *a posteriori* les conséquences de ses actes, d'autant plus facilement que, par la déclaration préalable, il a fourni à la puissance publique tous les éléments permettant la survenance de la sanction. La formalité déclaratoire prépare et facilite l'action répressive grâce aux informations recueillies. L'identification des contrevenants est alors plus rapide et les poursuites accélérées.

La déclaration d'une manifestation prévue sur la voie publique conditionne, par exemple, la mise en place d'un dispositif de police destiné à en assurer le bon déroulement dans l'ordre.

Comme on l'a fort bien noté, « *la technique déclaratoire permet de mettre en place les dispositions de surveillance nécessaires pour obtenir la réalisation d'un plan, l'application d'un programme, le développement d'une action cohérente, en gardant le moyen de déclencher des procédures plus contraignantes si l'équilibre économique et social est menacé* »[58].

---

[56] **J. RIVERO, Les libertés Publiques, Tome 1,** *op.cit.,* p.184.
[57] **J. RIVERO,** *op.cit.,* p.187.
[58] **Ph. LIGNEAU, « Le procédé de la déclaration préalable »,** article précité, p. 694.

La déclaration préalable reste donc proche du système répressif[59] dans la mesure où elle s'assigne le même but : informer l'administration que la liberté concernée va s'exercer, afin de lui permettre de réprimer les infractions éventuelles que cette liberté pourrait faire apparaître et d'exercer une surveillance à cet effet. Prévenue avant l'action, l'autorité publique doit prendre toutes les dispositions nécessaires pour que l'exercice de la liberté déclarée puisse se dérouler régulièrement, mais aussi pour que l'intérêt général soit sauvegardé.

Cette technique juridique, qui garde de la tradition libérale le caractère d'une protection des libertés, peut toutefois servir à instaurer un régime pratiquement préventif, ainsi qu'on va pouvoir le constater, en étudiant les formes de déclaration consacrées en droit positif.

Section II. LES FORMES DE DECLARATION D'ASSOCIATION CONSACREES

Le législateur camerounais a consacré deux formes de déclaration préalable à l'exercice de la liberté d'association, à savoir la déclaration assortie d'un pouvoir d'opposition ou d'appréciation de l'administration (**Paragraphe I**) et la déclaration tacite (**Paragraphe II**).

Paragraphe I. La déclaration assortie d'un pouvoir d'opposition ou d'appréciation de l'administration

Contrairement à une opinion très répandue au Cameroun, l'exercice de la liberté d'association est subordonné à une déclaration assortie d'un pouvoir d'appréciation de l'administration et non à une déclaration simple.

Il n'est pas sans intérêt de rappeler que la déclaration simple est « *en général exigée pour l'exercice d'activités que l'administration veut surveiller d'assez loin* »[60]. Elle est « *le procédé qui comporte le moins d'intrusion de l'administration dans l'activité concernée* »[61], « *une police du moindre mal, une police destinée à éviter d'autres contrôles plus lourds* »[62].

---

[59] La terminologie juridique qualifie de répressif le régime qui l'est en fait le moins.
[60] **P. LIVET,** *op.cit.,* p. 23.
[61] **A. DE LAUBADERE,** *op.cit.,* n°71.
[62] Ph. LIGNEAU, « **Le procédé de la déclaration préalable** », article précité, p. 682.

En effet, « *la logique de la déclaration (simple) est celle d'une information utile. Entendons par là une information exploitable susceptible de faciliter l'exercice du contrôle par l'autorité publique* »[63].

Il en résulte que si la déclaration est régulière en la forme et accompagnée des pièces prescrites par la loi, l'autorité administrative ne saurait, sous aucun prétexte, refuser la délivrance du récépissé.

Sur ce point, par exemple, l'article 7 alinéa 3 de la loi n°90/052 du 19 décembre 1990 sur la liberté de presse ne laisse pas de place au doute : « *un récépissé de dépôt de déclaration est remis par le préfet* » signifie évidemment que le préfet a l'obligation de délivrer le récépissé, quelque irrégulière que lui paraisse l'attribution.

Un exemple similaire est fourni par la loi n°90/055 du 19/12/1990 sur les réunions publiques. L'article 8 de ce texte est d'ailleurs plus explicite : « *(...) le sous-préfet qui reçoit la déclaration en délivre immédiatement récépissé* ».

On parle alors en doctrine de « *déclaration-enregistrement* ». L'administré est simplement tenu de mettre l'administration au courant de ses projets ; une fois cette formalité accomplie, il peut les réaliser. L'autorité compétente ainsi informée est tenue de délivrer automatiquement le récépissé de déclaration – pour la réunion publique par exemple – quitte après à l'interdire ou à la faire interdire si le projet parait illégal.

En revanche, lorsque l'administration dispose en vertu des textes de la possibilité de s'y opposer, comme en matière d'association, on est en présence d'un second type de déclaration, plus proche de l'autorisation préalable.

En effet, selon M. BRAUD, « *toute déclaration ou déposition de dossier qui s'accompagne d'un octroi discrétionnaire de récépissé ou d'un délai pendant lequel l'administration exerce une compétence également discrétionnaire équivaut à une demande d'autorisation* »[64].

---

[63] **Ph. LIGNEAU,** article précité, p. 709. Dans le même sens, voir **P. MARIE MARTIN,** « *La déclaration préalable à l'exercice des libertés publiques* », précité, p. 436 : « *la déclaration préalable est un moyen d'information et une source de l'action de la puissance publique* » et **A. DE LAUBADERE,** *op. cit.*, n°72.

[64] Philippe **BRAUD, La notion de liberté publique et ses implications en droit français,** Paris, LGDJ, 1968, p. 111.

En quelque sorte, chaque dossier ferait l'objet d'une décision, soit explicite d'acceptation ou de refus, soit pratiquement tacite d'acceptation à l'expiration du délai de réflexion prévu. Des motifs plus politiques et psychologiques que juridiques expliqueraient ce mécanisme, qui est alors préféré à celui de l'autorisation administrative préalable avec lequel il se confond cependant.

En ce sens, l'article 7 de la loi n°90/053 du 19 décembre 1990 régissant les associations au Cameroun prévoit, par exemple, qu' : « *un récépissé leur est délivré dès que le dossier est complet, si l'association n'est pas frappée de nullité* ».

Cette disposition laisse une très grande marge d'appréciation à l'administration. Celle-ci a la possibilité de refuser de délivrer un récépissé « *aux associations frappées de nullité* », c'est-à-dire aux associations « *fondées sur une cause ou en vue d'un objet contraire à la Constitution, aux lois et aux bonnes mœurs, ainsi qu'à celles qui auraient pour but de porter atteinte, notamment, à la sécurité, à l'intégrité territoriale, à l'unité nationale et à la forme républicaine de l'État* »[65].

Avec ce deuxième type de déclaration, on se trouve en présence d'un régime plus proche des techniques préventives car il se combine avec un pouvoir d'opposition ou d'appréciation de l'administration.

En pareil cas, pour reprendre les termes de M. LIGNEAU[66] « *la déclaration n'est plus au service d'un régime de liberté : elle est utilisée simplement comme une sonnette d'alarme pour permettre à l'autorité administrative de faire prévaloir la politique générale à suivre, toutes les fois que l'initiative du déclarant risque d'en gêner l'application* ».

La déclaration peut également intervenir de manière implicite.

Paragraphe II. La déclaration implicite d'acceptation

La notion de décision implicite de rejet, intervenant à l'expiration d'un certain délai, est admise dans sa généralité au Cameroun. L'adage « *qui ne dit mot refuse* » y représente donc la norme en matière administrative.

Comme en témoigne un attendu de la Chambre administrative de la Cour suprême qui le rappelle à juste titre :

---

[65] Article 4 de la loi n°90/053 précitée.
[66] **Ph. LIGNEAU, « Le procédé de la déclaration préalable »**, article précité. p.731.

> « (...) *Qu'il y a lieu de considérer que l'acte administratif peut même être implicite; que c'est ainsi que le silence gardé par l'administration pendant un certain délai, à compter de la réception d'une demande, est considéré comme une décision de rejet susceptible de faire l'objet d'un recours en annulation...* »[67].

Les textes récents ont étendu le domaine d'application de la décision implicite d'acceptation, qui n'était jadis qu'une exception de portée très limitée[68]. Désormais, la formalité de la déclaration est réputée accomplie en cas de silence de l'administration[69] pendant un certain délai.

Aux termes des dispositions de l'article 7 alinéa 3 de la loi n°90/053 du 19 décembre 1990, par exemple, « *le silence du préfet gardé pendant deux mois après le dépôt du dossier de déclaration vaut acceptation et emporte acquisition de la personnalité juridique* » de l'association.

Ce mécanisme, qu'exprime l'adage « *qui ne dit mot consent* », est une des concrétisations récentes de la préoccupation des autorités publiques de fixer le sort de la décision administrative aussitôt que possible, afin que les situations juridiques soient définies avec célérité.

Comme l'a fort bien souligné le professeur KAMTO, « *cette règle nouvelle, qui accuse l'option libéral des pouvoirs publics camerounais, vise manifestement à contourner les blocages administratifs, souvent motivés par des considérations politiques inavouées* »[70].

En présence donc d'une situation justifiant un rejet ou une infirmation de la déclaration, « *l'administration ne peut s'en prendre qu'à elle-même si elle laisse s'écouler le délai qui lui est donné sans s'être prononcée.*

---

[67] V. **C.S/C.A., jugement n°83/CS/CA du 30/6/1983, SIKAM Adolphe** contre État du Cameroun. Dans le même sens, voir article 12 de l'ordonnance n°72/6 du 26 août 1972 organisant la Cour suprême statuant en matière administrative ainsi rédigé : « *le silence opposé par l'autorité administrative compétente à un recours gracieux préalable qui lui a été soumis par un justiciable potentiel constitue une décision implicite de rejet après deux mois* ».

[68] Les décisions implicites d'acceptation trouvaient essentiellement leur terrain d'élection dans les rapports entre autorités de tutelle et collectivités publiques décentralisées. Sur cette question, voir décret n°77/91 du 25 mars 1977 déterminant les pouvoirs de tutelle sur les communes, abrogé en 2004.

[69] Cf. **Maurice KAMTO et Bernard GUIMDO, « Le silence de l'administration en droit administratif camerounais »**, *Lex Lata* n°006, 15 décembre 1994, pp.10-14.

[70] **M. KAMTO, « Quelques réflexions sur la transition vers le pluralisme politique au Cameroun »**, article précité, p.324.

L'impasse dans laquelle elle se place est alors la sanction, voulue par la loi ou le règlement, de la carence »[71].

La formation de la déclaration implicite entraîne le dessaisissement de l'autorité compétente et de son supérieur hiérarchique. Ce principe est affirmé avec vigueur par la doctrine.

M. BERTRAND, par exemple, estime « *qu'une telle décision ne peut être légalement rapportée, même si les conditions auxquelles la jurisprudence subordonne la légalité du retrait des actes administratifs individuels se trouvent remplies* »[72].

Elle le fonde sur de fortes motivations théoriques.

Pour le professeur CHAPUS, par exemple, « *la possibilité de retrait...priverait de toute signification le délai imparti à l'administration pour décider explicitement, puisqu'elle lui permettrait de décider ainsi à toute époque; en même temps, elle lui donnerait le moyen, en s'abstenant volontairement de décider explicitement, de revenir à tout moment sur les décisions implicites d'acceptation illégales* »[73].

Toutefois, dès lors que la déclaration tacite n'a fait l'objet d'aucune mesure officielle d'information (publication ou affichage notamment), l'autorité habilitée, saisie à tout moment par un tiers d'un recours gracieux préalable au contentieux administratif ou d'un recours hiérarchique, peut être amenée à la retirer.

La déclaration doit indiquer le titre, l'objet, le siège de l'association ainsi que les noms, professions et domiciles de ceux qui, à un titre quelconque, sont chargés de son administration ou de sa direction. Elle est faite à la préfecture du département où l'association a son siège.

Cette formalité est, ultérieurement et dans un délai de deux mois, nécessaire pour toute modification statutaire et pour tout changement intervenu au sein du bureau de l'association.

---

[71] L. BERTRAND, « Conclusions sur C.E. Sect. 14 novembre 1969, Sieur EVE », A.J.D.A. 1969, p. 684.
[72] **L. BERTRAND,** *Ibidem*.
[73] **René CHAPUS, Droit administratif général,** Paris, Montchrestien, 1990, Tome 1, pp. 792-793.

La déclaration ne constitue pas, en pratique, un formalisme inutile. Lorsque la formalité de la déclaration est accomplie et lorsque récépissé en est donné, l'association possède donc la personnalité morale avec ses attributs. La possession de cette personnalité est importante pour la plupart des associations, car si elles existent librement sans déclaration, cette existence risque souvent de ne pas avoir de sens si elles ne peuvent pas agir juridiquement de manière complète.

Toutefois, la déclaration ne confère aux associations qu'une capacité restreinte appelée couramment « *petite personnalité* »; si elle leur permet notamment de gérer et de disposer des sommes provenant des cotisations, d'acquérir à titre onéreux et de posséder le local destiné à son administration, aux réunions de ses membres, ainsi que les immeubles nécessaires à l'accomplissement du but qu'elle poursuit, elle ne les habilite pas, en revanche, à recevoir les subventions des personnes publiques ou les dons et legs des personnes privées. Ce qui n'est pas le cas des associations reconnues d'utilité publique qui jouissent d'une « *grande personnalité* ».

Chapitre II.

LE REGIME JURIDIQUE DES ASSOCIATIONS AUTORISEES

L'autorisation administrative préalable est un terme générique qui se présente en pratique sous des formes diverses : agrément, approbation, visa, permis, certificat, licence, autorisation, reconnaissance… Les différentes formes du procédé ont toutefois des caractères juridiques communs qui permettent d'en faire des mesures de contrôle **(Section I)**.

L'autorisation préalable « *permet à l'administration d'obtenir du particulier une sujétion parfaite à ses impératifs, dans la mesure où celui-ci ne peut obtenir l'autorisation qu'en remplissant, puis en respectant les conditions imposées* »[74]. C'est, comme l'avait expliqué très nettement le professeur RIVERO « *la mise en tutelle de la liberté, c'est-à-dire sa négation* »[75] ; car en réalité, « *ce procédé ne laisse au particulier que la liberté du projet : le choix entre l'abstention et la demande d'autorisation* »[76]. Elle apparaît ainsi comme un moyen permettant de protéger l'intérêt de tous contre la liberté d'un seul : « *elle répond à une nécessité sociale* »[77]. Les pouvoirs publics semblent prendre argument de cette nécessité pour soumettre de nombreuses associations **(Section III)** à la procédure de l'autorisation préalable **(Section II)**.

Section I. LA SIGNIFICATION JURIDIQUE DU PROCEDE

La condamnation de l'autorisation administrative préalable par la tradition libérale tient notamment au fait qu'elle est une technique juridique du régime préventif **(Paragraphe I)**. Cette condamnation, largement fondée dans son principe, appelle toutefois une nuance importante, car l'autorisation est une technique permissive dans un contexte d'interdiction **(Paragraphe II)**.

---

[74] **Jean Louis MARTRES, « Caractères généraux de la police économique »,** Thèse, Droit, Bordeaux, 1964, p.109.
[75] **J. RIVERO, Les Libertés publiques,** *op.cit.*, p. 218.
[76] **J. RIVERO, Les Libertés publiques,** *op.cit.*, p. 219.
[77] **J. RIVERO, Les Libertés publiques,** *op.cit.,* pp. 189 et 191.

Paragraphe I. L'autorisation administrative préalable, technique juridique du régime préventif

Il convient de rappeler la signification du régime préventif : « *la liberté ne peut s'(y) exercer qu'avec le consentement préalable de l'administration. Le but poursuivi n'est pas de punir après coup les abus de la liberté, mais de les empêcher de se produire. Le système préventif cherche dans l'intervention de l'administration une prévention directe et certaine contre les désordres...* »[78].

Nul n'a mieux défini l'autorisation administrative préalable que M. LIVET. Elle est, écrit-il, « *un acte administratif revêtant la forme d'une décision unilatérale de caractère individuel, émis en principe après habilitation expresse du législateur, soit par des autorités strictement administratives, soit par des organes dépendant de ces dernières, et à la délivrance duquel sont conditionnés l'exercice d'une activité et la création d'un organisme* »[79].

L'autorisation préalable, ainsi comprise, apparaît comme le procédé le plus caractéristique du régime préventif dans toute sa rigueur. L'intervention que ce régime postule de la part de l'administration, prend ici la forme d'une habilitation : la liberté ne peut s'exercer que si l'administration l'a permise. En conséquence, l'exercice de la liberté serait illégal, soit tant que l'administration saisie n'a pas fait connaître sa réponse, soit lorsque cette réponse est négative. Elle n'est légale qu'une fois l'autorisation accordée.

En de nombreux domaines où les pouvoirs publics, en raison de leurs responsabilités grandissantes dans l'ordre économique et social, recherchent une surveillance accrue des initiatives privées, l'autorisation administrative préalable leur apparaîtra comme un contrôle maximum indispensable à mettre en place.

La doctrine est unanime sur le caractère très strict et très précis de l'autorisation.

Pour M. LIVET, par exemple, elle est « *le procédé dont la caractéristique essentielle est précisément de permettre, de la part des autorités administratives, un contrôle très étroit et très localisé de l'activité des particuliers. L'administration est donc amenée à examiner*

---

[78] **J. RIVERO,** *op.cit.*, p.184.
[79] **P. LIVET,** *op.cit.*, p. 88.

chaque demande d'une manière spéciale afin de vérifier l'adéquation de l'activité projetée ou la conformité de l'organisme à créer avec l'ensemble des impératifs issus tant de l'ordre public le plus strict que de l'intérêt le plus général »[80].

M. MARTRES estime que « *(...) de tous les procédés de police, l'autorisation préalable est considérée comme le plus puissant. Elle permet à l'administration d'obtenir du particulier une sujétion parfaite à ses impératifs, dans la mesure où celui-ci ne peut obtenir l'autorisation qu'en remplissant, puis en respectant, les conditions imposées* »[81].

On comprend, dans ces conditions, la principale raison de la traditionnelle hostilité des libéraux à l'égard du régime préventif, « *dont la seule justification indiscutable réside, en définitive, dans le caractère irréparable du dommage que l'exercice de la liberté peut entraîner pour la société (...). Dans les domaines...où la libre activité des particuliers risque de créer de l'irréparable au détriment de l'intérêt commun, le régime préventif répond à une nécessité sociale. Mais il serait dangereux de prendre argument de cette nécessité pour (l)'étendre au-delà* »[82].

L'autorisation administrative préalable est, en outre, le prolongement d'une prohibition légale.

Paragraphe II. L'autorisation administrative préalable, technique permissive dans un contexte d'interdiction

L'autorisation administrative préalable est un acte juridique permissif sans l'intervention duquel un particulier n'a pas le droit d'exercer une liberté déterminée[83].

Autrement dit, dès lors que l'on soumet une liberté à l'autorisation, c'est qu'elle est interdite, sauf à obtenir une permission.

Comme on l'a si bien noté, « *l'autorisation préalable est la bête noire des libéraux, car si elle laisse au citoyen la liberté du projet, elle confisque au profit de l'autorité administrative la liberté véritable, celle de la décision qui permet de passer du projet à l'acte. A la limite, elle va*

---

[80] **P. LIVET**, *op.cit.*, p. 187.
[81] **J.L MARTRE**, « **Caractères généraux de la police économique** », Thèse préc., p. 109.
[82] **J. RIVERO**, *op.cit.*, p. 222.
[83] En ce sens, voir notamment **J. DE SOTO, Grands services publics et entreprises nationales,** Paris, Montchrestien, 1971, n°44.

à l'encontre du principe fondamental de toute Cité libre, qui veut que tout ce qui n'est pas interdit soit licite : en régime d'autorisation préalable, est interdit tout ce qui n'a pas fait l'objet d'une permission formelle »[84].

En pratique, l'autorisation laisse intact le pouvoir d'interdiction si la liberté autorisée se révèle, par la suite, menaçante pour la société. Dans un régime d'interdiction, le législateur fait confiance aux autorités compétentes pour interrompre une activité ou l'empêcher de naître si l'intérêt général l'exige. L'interdiction porte atteinte à la liberté, mais l'autorisation préalable marque le retour à cette même liberté.

En outre, « *la souplesse du système apparaît en même temps, car si c'est le législateur qui pose l'interdiction globale, c'est en revanche l'administration, plus au fait des problèmes concrets, qui va délivrer la dérogation, lorsqu'elle aura constaté qu'il n'existe aucun danger à agir ainsi, que ce soit pour l'ordre public classique ou encore pour d'autres catégories d'ordre et notamment pour celui que l'on dit économique* »[85].

Cette intervention permissive de l'administration s'exerce selon une procédure particulière.

Section II. LA PROCEDURE D'AUTORISATION PREALABLE

L'administration peut répondre positivement **(Paragraphe I)** ou négativement **(Paragraphe II)** à une demande d'autorisation.

Paragraphe I. L'octroi de l'autorisation

La marge de manœuvre dont dispose l'administration pour délivrer l'autorisation est variable **(B)**. Cette réponse de l'autorité compétente à la demande **(A)** peut revêtir des formes diverses **(C)**.

A. Les formalités préalables à l'octroi de l'autorisation

La saisine de l'autorité compétente **(1)**, qui fait souvent recours à la consultation **(2)**, est une des formalités indispensables à la délivrance de l'autorisation.

1. La demande d'autorisation

La demande écrite, adressée à l'autorité habilitée par les textes à la recevoir, est le fondement de la décision d'autorisation. Pour qu'elle

---

[84] **J. RIVERO,** Préface à l'ouvrage précité de **P. LIVET,** p.1.
[85] **P. LIVET,** *op.cit.*, p.187.

puisse être prise en considération par le juge administratif, cette demande doit satisfaire à deux conditions essentielles : elle doit être appuyée sur un dossier complet destiné à éclairer l'autorité. La preuve de son dépôt doit ensuite pouvoir être établie.

La première exigence est souvent formulée dans les textes en termes très précis : ainsi, « *la demande de création d'un parti politique se fait par le dépôt d'un dossier complet auprès des services du gouverneur*»[86].

Le juge de l'excès de pouvoir veille avec une attention particulière à l'obligation ainsi fixée : « *attendu, dit-il, qu'il est constant et avéré que l'U.P.C.-MANIDEM a déposé le 18 août 1992 un dossier complet relatif à sa légalisation* »[87].

Si cette demande ne répond pas aux conditions requises, l'administration se doit, dans certains cas[88], de faire connaître par écrit à ceux qui l'ont présentée, ses observations en les invitant à présenter à nouveau leur requête.

Ainsi, pour être réputée admise, la demande d'autorisation doit être accompagnée des pièces justificatives dont la production était de nature à permettre à l'autorité compétente de se décider en pleine connaissance de cause.

En outre, les textes font obligation à l'administration d'accuser immédiatement réception de la demande[89]. Il revient aux fondateurs ou aux mandataires de l'association de réserver la preuve qu'ils ont formé une demande susceptible d'engendrer l'autorisation. A cette fin, ils doivent conserver la copie de la demande ainsi que la justification du dépôt. Dès lors que le dossier est complet et enregistré, l'autorité compétente qui en est saisie peut alors se décider. Il n'est pas rare qu'elle soit tenue de recourir au préalable à la consultation.

2. Les cas d'intervention d'un organe consultatif

L'octroi de l'autorisation est souvent conditionné par l'avis obligatoire ou impératif d'un organe quelconque.

---

[86] Article 4, alinéa 1er de la loi n°90/056 du 19/12/1990.
[87] **C.S./PCA, ordonnance n° 02 bis du 9 décembre 1992, Union des Populations du Cameroun (U.P.C.-MANIDEM)** contre État du Cameroun.
[88] Ainsi en est-il en matière d'enregistrement des syndicats par le greffier.
[89] Cf. en ce sens, article 4, alinéa 2 de la loi n° 90/056 du-19/12/1990 précitée et article 11, alinéa 1, B, ainsi rédigé : « *le greffier accuse réception de la demande* ».

L'avis obligatoire peut émaner d'autorités très diverses.

Ainsi, l'autorisation d'une association religieuse ou d'un établissement congréganiste est prononcée par décret du président de la République, après avis motivé du ministre de l'Administration territoriale[90].

De même, la demande d'autorisation de tout nouvel établissement d'une association étrangère au Cameroun est adressée au ministre des Relations extérieures qui, après avis, la transmet au ministre de l'Administration territoriale[91].

On pourrait d'ailleurs multiplier de tels exemples[92].

Dans tous ces cas, l'autorisation délivrée ne sera pas valable si l'administration passe outre l'obligation de consulter. Cette consultation, même si elle se trouve être obligatoire, ne lie pas l'autorité compétente dans l'octroi de l'autorisation. Elle apparaît simplement comme « *la manifestation d'une collaboration de l'acte unilatéral, mais non comme une participation directe à un pouvoir de décision* »[93].

En outre, lorsque l'autorisation est soumise à un renouvellement périodique, comme c'est le cas pour les associations étrangères, ce renouvellement implique que soit recueilli de nouveau l'avis qui fut nécessaire lors de l'octroi précédent.

Bien plus, lorsqu'un texte prévoit qu'un avis doit être motivé[94], s'il ne l'est pas, ce seul fait suffit à rendre la procédure suivie irrégulière.

La deuxième hypothèse, celle de l'avis conforme, encore appelé avis impératif, est très rare. Elle est notamment prévue par l'article 16 de la loi n°90/053 du 19 décembre 1990 en ces termes : « *les associations étrangères ne peuvent exercer aucune activité sur le territoire sans autorisation préalable du Ministre chargé de l'administration territoriale, après avis conforme du Ministre des relations extérieures* ».

Dans ce cas, la compétence du détenteur du pouvoir d'autorisation est presque liée ; car la procédure de l'avis conforme[95] « *dépossède le*

---

[90] Article 24 de la loi n° 053 du 19 décembre 1990.
[91] Article 16, alinéa 3, paragraphe 2 de la loi n°053 précitée.
[92] Voir par exemple l'article 32 de la loi n°053 précitée.
[93] V. René HOUSTIOU, **Procédure et formes de l'acte administratif unilatéral**, Paris, LGDJ, 1974, p. 119.
[94] V. en ce sens, les articles 24 et 32 de la loi n°053 précitée.

titulaire légal de sa compétence et la transfère à l'organe consulté, ne laissant au premier qu'un pouvoir d'authentification »[96].

Mais, cette dépossession n'est pas totale. En effet, l'autorité qui consulte peut demander à l'organe consulté de reconsidérer sa position. Elle peut aussi, si l'avis émis ne lui convient pas, renoncer à agir.

Le fait que la consultation soit à l'origine de la procédure d'autorisation dans la plupart des cas est important parce que :

- d'une part, elle permet de concilier les exigences de la technicité, davantage croissante, des dossiers des postulants avec le souci de confier le pouvoir de décision aux autorités politiques ;

- d'autre part, sociologiquement parlant, comme l'a remarqué M. WEBER, la consultation est susceptible *« d'atténuer l'hostilité des participants à la fonction vis-à-vis de l'autorité »*[97].

B. Les pouvoirs de l'autorité compétente

L'octroi de l'autorisation peut être automatique **(1)** ou non **(2)**.

1. L'hypothèse de compétence liée

La notion de compétence liée, telle qu'elle est utilisée en droit administratif, se rattache traditionnellement au principe de légalité. Elle en constitue même une application privilégiée puisque l'on est en présence d'une compétence liée lorsque l'administration prend des décisions dont le droit applicable prévoit tout à la fois la nécessité et le contenu, c'est-à-dire lorsque, la loi dictant sa conduite à l'administrateur, l'action de ce dernier a pour seul objet et pour résultat nécessaire d'appliquer à un cas particulier les dispositions préexistantes qui en règlent le sort, sans aucun pouvoir d'appréciation[98].

Les cas dans lesquels l'administration voit sa compétence totalement liée, que ce soit lors de l'édiction de l'acte ou que ce soit dans le contenu

---

[95] La procédure de l'avis conforme, quand elle est prévue, représente, comme c'est le cas pour la consultation obligatoire, une formalité substantielle qui doit être respectée lors de chaque renouvellement de l'autorisation.
[96] **Charles CADOUX, « La procédure consultative, essai de synthèse »**, in Annales de l'Université de Lyon, 3ᵉ Série, Droit, p.107.
[97] **Yves WEBER, L'administration consultative,** Paris, LGDJ, 1968, p. 261.
[98] **Bruno KORNPROBST, « La compétence liée »**, R.D.P. 1961, pp. 935-936.

à donner à cet acte, correspondent souvent à des situations où l'autorité administrative se doit simplement de vérifier, pour des motifs techniques, les compétences de l'individu postulant.

Cette vérification, parce qu'elle exige des connaissances techniques très précises, est souvent le fait d'organes spécialisés – *jurys ou corps spéciaux d'inspections* – dont l'avis, sans être conforme, est généralement suivi par l'administration, en ce sens qu'elle est tenue de délivrer l'autorisation dès lors que le postulant a satisfait aux épreuves imposées.

Lorsque les textes prévoient eux-mêmes rigoureusement les conditions dans lesquelles les autorisations doivent être délivrées, le rôle de l'administrateur se trouve alors très limité.

Selon, par exemple, l'article 8 alinéa 1er de la loi n° 90/056 du 19 décembre 1990, « *la décision autorisant l'exercice légale d'un parti politique ne peut être refusée que si le dossier ne remplit pas les conditions énumérées par la loi* ».

Autrement dit, l'administration est tenue de délivrer l'autorisation lorsque le postulant remplit les conditions légales, puisqu'il se présente devant elle dans une situation correspondant exactement à ce que le texte prévoit pour qu'il en soit ainsi.

En bonne logique, l'hypothèse de compétence liée ne devrait présenter aucune difficulté d'analyse juridique puisqu'il suffit de constater que le sens et les modalités de l'action administrative sont prévus par la loi.

En effet, comme l'a écrit M. Bruno KORNPROBST, « *l'acte administratif accompli en vertu d'une compétence liée apparaît ainsi, d'une part, comme un acte se bornant à transposer sur la tête du ou des intéressés un statut légal ou réglementaire préétabli, c'est-à-dire, dans la terminologie Duguiste, comme un acte-condition, d'autre part, comme un acte dont l'administration n'est pas maître, pour lequel elle perd jusqu'à sa faculté d'agir ou de s'abstenir* »[99].

Ici, pour reprendre les termes de M. LIVET, « *la délivrance de l'autorisation préalable ne représente en principe qu'une simple formalité. Il n'y a donc pas à proprement parler d'autorisation, mais simplement une surveillance renforcée, une coordination préventive à*

---

[99] **B. KORNPROBST,** article précité, p. 936.

l'occasion de laquelle l'arbitraire de l'administration ne devrait pas pouvoir jouer, puisque le seul pouvoir de l'autorité consiste en une vérification de la réelle existence des conditions objectives prévues par les textes »[100].

Pour les administrés, l'automatisme de la compétence liée représente une protection contre l'arbitraire, une garantie maximale de sécurité, l'administration se comportant, dans ce cas, en simple exécutant qui se borne à édicter des actes à l'avance prescrits par la loi et qui en sont la simple matérialisation.

Les textes reconnaissent très souvent à l'autorité compétente la liberté d'apprécier et de décider en toute opportunité.

2. Les pouvoirs d'appréciation de l'administration

Le pouvoir discrétionnaire est la possibilité reconnue par le droit à l'autorité administrative de choisir entre plusieurs décisions également légales. Elle est « *la liberté d'apprécier et de décider en toute opportunité* »[101].

L'action administrative, dans le cas présent, loin d'être prévue dans ses moindres détails, est simplement contenue dans le cadre général d'une réglementation. La compétence se trouve alors seulement « *réglementée* », comme le souligne fort justement M. TIMSIT, sans que d'ailleurs on puisse assimiler exactement le principe de cette réglementation au principe de légalité[102].

L'administration reste libre, lors de l'examen de la demande d'autorisation, d'apprécier l'opportunité de son octroi.

En l'occurrence, elle doit vérifier s'il existe une adéquation entre l'activité projetée et les nécessités d'ordre général, ou bien, à tout le moins, s'il n'y a pas entre elles une certaine antinomie. Pour ce faire, elle doit prendre en considération des éléments de détail que la généralité d'un texte législatif ne permet pas, en pratique et sauf exception, de prévoir[103].

---

[100] **P. LIVET**, *op.cit.*, p. 205.
[101] **Alain BOCKEL.**, « **Contribution à l'étude du pouvoir discrétionnaire de l'Administration** », A.J.D.A. 1978, .p.355.
[102] **G. TIMSIT**, « **Compétence liée et principe de légalité** », D. 1964, Chron, p. 217.
[103] **P. LIVET**, *op. cit.*, p. 205.

On se trouve ici assez loin d'une application servile de la loi par l'autorité administrative ; la loi étant d'ailleurs devenue, comme le remarque BURDEAU, « *de plus en plus une autorisation de faire accordée à l'administration, mais non assortie de l'indication de ce qu'il y a lieu de faire* »[104].

La marge d'appréciation de l'administration est donc étendue toutes les fois que les motifs qui la guident dans la délivrance de l'autorisation deviennent vagues et d'un contour relativement imprécis; ce qui est le cas lorsque l'on a recours à la notion « *d'unité nationale* » ou « *d'équilibre tribo-régional* ». Elle reste alors libre d'apprécier l'opportunité de son octroi.

Cette liberté laissée à l'administration dans la délivrance de l'autorisation est également matérialisée dans les textes par l'utilisation du verbe « *pouvoir* ». Ce verbe « *pouvoir* » confère à la décision un caractère facultatif.

À cet égard, M.VENEZIA a bien relevé que « *toute règle en peut ou en pourra et non en doit ou en devra inclut le pouvoir discrétionnaire* »[105].

Ce qui ne veut pas dire pour autant que l'administration qui en dispose soit entièrement à l'abri de tout contrôle. Bien au contraire, la légalité de ce pouvoir est conditionnée par le respect de certaines règles procédurales et le juge administratif vérifie s'il s'exerce bien dans le cadre et les limites fixés par la loi.

Toutefois, le juge administratif veille à ce que ce pouvoir ne devienne pas arbitraire. Dans une espèce relativement récente[106], il a ordonné le sursis à exécution[107] des effets du certificat d'enregistrement délivré le 9 août 1993 au Syndicat national des fondateurs et directeurs d'auto-écoles du Cameroun, en estimant que la création de ce groupement parallèle au

---

[104] **G. BURDEAU, Traité de science politique**, T.III, 2éme éd, p.756.
[105] **Jean Claude VENEZIA, Le pouvoir discrétionnaire**, LGDJ, 1959, p. 46.
[106] V. C.S. /P.C.A., **ordonnance de sursis n°09 du 16 mai 1994, Syndicat national des exploitants des auto-écoles du Cameroun (SNEAEC)** contre État du Cameroun
[107] Pour d'utiles précisions sur cette question, voir à **B-R. GUIMDO DONGMO, « Le juge administratif camerounais et l'urgence… »**, Thèse d'État en droit public, Université de Yaoundé II, 2004 et à **C. KEUTCHA TCHAPNGA, « Le régime juridique du sursis à exécution dans la jurisprudence administrative camerounaise »**, *Juridis Périodique* n°38, Yaoundé, avril-mai-juin 1999, pp. 83-92.

Syndicat national des exploitants des auto-écoles du Cameroun (S.N.E.A.E.C.) était de nature à causer à son président un préjudice difficilement réparable.

C. Les formes de délivrance de l'autorisation

L'autorisation de l'existence légale d'une association peut être explicite **(1)** ou implicite **(2)**.

1. L'autorisation expresse

L'autorisation administrative expresse est indispensable pour la constitution des associations religieuses et des établissements congréganistes [108], des associations sportives [109], des associations reconnues d'utilité publique, des Organisations non gouvernementales, des associations étrangères [110]. Pour ces dernières, notamment, l'autorisation peut être subordonnée à certaines conditions. Elle peut aussi être retirée à tout moment. Elle n'intervient de manière implicite que dans des cas bien précis.

2. L'autorisation tacite

L'expiration du délai imparti à l'autorité compétente pour répondre à la demande des fondateurs de certaines associations fait intervenir souvent l'autorisation tacite, dont les éléments essentiels du régime juridique sont bien connus[111].

Il en est ainsi en matière de formation d'un syndicat. En effet, passé un délai d'un mois, son enregistrement est réputé effectif[112]. De même, « *en cas de silence gardé pendant trois mois à compter de la date de dépôt du dossier auprès des services du Gouverneur territorialement compétent, le parti est réputé exister légalement* »[113].

Sa constitution ne peut donc plus être assimilée à une usurpation; comme en témoigne une décision du juge administratif, en date du 9

---

[108] Article 23 de la loi n°90/053 sur la liberté d'association, précitée.
[109] **V. loi n°2011/018 du 15 juillet 2011 relative à l'organisation et à la promotion des activités physiques et sportives.**
[110] Cf. articles 16 et 17 de la loi n° 90/053 sur la liberté d'association.
[111] En ce sens, lire **C. KEUTCHA TCHAPNGA, « L'autorisation tacite, cinq ans après sa consécration en droit positif camerounais »**, *Revue Juridique et Politique, Indépendance et Coopération*, (R.J.P.l.C.) n°3, décembre 1997, pp. 320-338.
[112] Article 11, alinéa 1 du Code du travail de 1992 précité.
[113] Article 7, alinéa 2 de la loi n° 90/056 précitée.

décembre 1992, dans laquelle il est admis « *que... le dossier de l'U.P.C.-MANIDEM a été déposé dans les services du gouverneur de la province du Littoral le 18 août 1992, et que jusqu'au 30 novembre 1992, aucune suite n'y a été donnée; que conformément à la loi, au 19 novembre 1992, en raison du silence de l'administration, son existence légale était déjà acquise en dépit de la lettre dont il est demandé l'annulation, fabriquée pour les besoins inavoués, mais sûrement dans l'intention de nuire*[114] ».

La multiplication des cas d'autorisations tacites dans presque tous les domaines touchant de près l'exercice des libertés essentielles permet à l'administré de mettre indirectement en marche l'appareil administratif, d'obliger l'administration à statuer plus rapidement et de l'empêcher d'être protégée par sa paresse.

En réalité, « *le développement de ce type de décision semble s'inscrire dans un souci de plus grande protection de l'administration* »[115] contre son inertie et sa paresse.

Toutefois, ce droit nouveau accordé limitativement aux postulants, non encore initiés à l'usage de cette technique, constitue une source d'obligations nouvelles pour la puissance publique, parfois désemparée face à cet environnement changeant, tant la culture administrative dominante l'y a peu préparée. D'où la nécessité de rappeler et de préciser succinctement les conditions auxquelles est subordonnée son entrée en vigueur, avant d'analyser les conséquences juridiques découlant de son existence.

En effet, la demande d'autorisation doit en premier lieu être appuyée sur un dossier complet, de nature à permettre à l'autorité compétente de se décider en pleine connaissance de cause.

Cette exigence est constamment traduite dans les textes par une formule de ce type : « *l'obtention de l'autorisation est subordonnée à la production d'un dossier comprenant les pièces suivantes...* ». Il est de moins en moins rare qu'elle soit formulée en termes très précis. Ainsi, « *la demande de création d'un parti politique se fait par le dépôt d'un dossier complet auprès des services du Gouverneur* ».

---

[114] **C.S./P.CA, ordonnance n°2 du 09 décembre 1992, U.P.C-MANIDEM c/État du Cameroun (MINAT), Observations B. GUIMDO**, in *Juridis Info* n°16, pp. 56-58.
[115] **Monique PAUTI, « Les décisions implicites d'acceptation et la jurisprudence administrative »**, R.D.P, 1975, p. 1545.

La preuve de son dépôt doit en second lieu pouvoir être établie. C'est sans doute pourquoi les textes font obligation aux services de l'autorité compétente qui reçoit la demande de l'enregistrer et d'en accuser immédiatement réception : « *une décharge mentionnant le numéro et la date d'enregistrement du dossier est délivrée au déposant* », précise par exemple l'article 4 alinéa 2 de la loi n°90/056 sur les partis politiques.

Il revient au postulant de se réserver la preuve qu'il a formé une demande susceptible d'engendrer l'autorisation tacite. A cette fin, il doit conserver la copie de la demande et la justification du dépôt.

Le délai imparti pour l'obtention d'une réponse ne sera pas déclenché au cas où l'autorité investie du pouvoir d'autorisation a été saisie, soit d'un dossier incomplet, soit d'un dossier certes complet mais non régulièrement enregistré.

Paragraphe II. Le refus de l'autorisation

C'est à l'étude des garanties des fondateurs d'associations en cas de refus de l'autorisation que l'on se consacrera ici, en examinant d'abord les garanties non juridictionnelles, qui sont devenues consistantes **(A)**. Ensuite, il se développe un intéressant contentieux du refus de légalisation des partis, jusque-là inédit **(B)**.

A. La consistance de nouvelles garanties non juridictionnelles

Afin de prévenir autant que faire se peut des mesures abusives, certains refus explicites d'autorisation doivent désormais être motivés **(1)**. Bien plus, l'on constate, en matière de création de certaines associations, un assouplissement des contraintes inhérentes à la procédure administrative contentieuse **(2)**.

1. L'obligation de motiver les refus d'autorisation

En droit administratif camerounais, s'il est constant que la décision administrative doit reposer sur des motifs de droit et de fait dont le juge vérifie l'existence et l'exactitude de leur qualification, son auteur n'est pas tenu de porter ces motifs à la connaissance du ou des destinataires de la décision.

En d'autres termes, il n'existe pas encore, en principe, une obligation générale de motivation imposant à l'administration de formuler expressément dans le texte de la décision les motifs qui l'ont amenée à la prendre.

Cette absence d'obligation générale de motivation était jadis limitée par des rares exceptions législatives, réglementaires ou jurisprudentielles et compensée par des mesures permettant la connaissance *a posteriori* des motifs[116].

En réalité, ce principe du caractère facultatif de la motivation des décisions administratives « *n'est que le corollaire de la règle du secret de l'administration, qui signifie que les motifs des actes de l'administration n'ont pas à être connus des administrés* »[117]. A en croire le professeur MESCHERIAKOFF, il est « *un héritage de la période coloniale française* »[118]. Il est lié à une conception autoritaire de l'administration et à l'idée que celle-ci fait le bonheur des administrés malgré eux ou à leur insu, l'administré étant ainsi considéré plus comme un sujet que comme un citoyen.

La volonté des autorités publiques d'améliorer désormais la situation des administrés, dans leurs rapports avec l'administration, a conduit à apporter de nombreuses exceptions au principe du caractère facultatif de la motivation. Depuis 1990 précisément, l'évolution est en train d'aller dans le sens de l'accroissement des cas de motivation obligatoire. Ce mouvement constitue une étape décisive dans la voie de la transparence administrative, c'est-à-dire l'adaptation d'un système administratif jadis très critiqué aux impératifs d'une société démocratique[119].

En effet, tout refus d'autorisation doit être motivé et notifié au déposant par tout moyen laissant trace écrite : C'est en particulier le cas pour la constitution des syndicats[120] et la formation des partis politiques.

---

[116] Puisque le juge peut exiger de l'administration qu'elle lui communique le dossier et les documents au vu desquels l'acte a été pris : c'est ainsi que dans un **arrêt n°18 du 04 novembre 1966, DIWOUTA Loth Pierre**, il a ordonné à l'État fédéré du Cameroun oriental « *de produire dans les plus brefs délais le dossier administratif du Sieur DIWOUTA Loth Pierre, document dont la production est nécessaire à la manifestation de la vérité (...) dit que faute de cette production, il en sera tiré telle conséquence de droit* ».
[117] **R.G. NLEP, L'administration publique camerounaise,** *op.cit.*, p.315.
[118] **MESCHERIAKOFF, Droit administratif ivoirien,** Paris, Economica, 1982, p. 163.
[119] En ce sens, lire **C. KEUTCHA TCHAPNGA**, « L'obligation de motiver certaines **décisions administratives au Cameroun** », *Juridis Périodique* n°31, juillet-septembre 1997, pp. 60-66.
[120] Article 12, alinéa 2 du Code du travail, précité.

Cette motivation obligatoire est d'autant plus importante qu'elle *« tend à dissiper le mystère administratif »*[121] tout en attestant *« une moindre légitimité de son action »*[122].

Comme l'a expliqué M. ODENT, *« elle a pour objet d'obliger l'administration à préciser officiellement et ouvertement son point de vue, par conséquent, à prendre parti non seulement sur la solution qu'elle adopte mais aussi sur les considérations qui l'ont guidée »*[123].

A vrai dire, la motivation améliore d'abord le travail administratif. Pour l'auteur de l'acte, cette obligation est une exigence de clarté, de conscience et de précision.

En second lieu, motiver peut permettre d'asseoir plus clairement une ligne d'action, c'est-à-dire de traiter de la même manière des cas identiques, de dégager un principe, de permettre aux administrés de mieux s'y retrouver.

Au surplus, la formation des motifs simplifie et rend plus efficace le rôle du supérieur hiérarchique de l'auteur de l'acte: il peut aisément vérifier si ses instructions ont été respectées[124].

Cette motivation doit être suffisante : Elle doit être directement incluse dans la décision et elle ne peut consister en une simple référence à un avis[125]. Ensuite, elle doit être précise et explicite. L'administration doit ainsi préciser sur la base de quel texte elle a décidé et pour quelles raisons de fait[126].

Il convient, au demeurant, de remarquer qu'un refus d'autorisation dûment et clairement motivé est susceptible d'être mieux accepté par le postulant qu'une simple autorisation qui risque toujours d'apparaître comme arbitraire.

---

[121] **G. LANGROD, « Genèse et lignes directrices de la procédure administrative non contentieuse en Pologne »**, R.I.S.A., 1960, p. 401.
[122] **J.C. RICCI, « La motivation des actes administratifs »**, A.E.A.P. 1979, p. 340.
[123] **R. ODENT, « Conclusions sur C.E, 5 avril 1946, DAUPEYROUX, BLANQUIS et autres »**, 1946 .3.21.
[124] **Georges DUPUIS, « Les motifs des actes administratifs »**, EDCE, 1974-1975, 35.
[125] **C.S. /C.A., jugement n°12 du 28 janvier 1982, Dame BINAM, née NGO NJOM Fidèle** c/État du Cameroun.
[126] **C.S./C.A., jugement n°48 du 27 avril 1995, ITAMBE HAKO Prosper** c/ État du Cameroun.

La contrainte de motivation tend à soumettre l'administration à une discipline accrue dans la prise de décision et à la rendre davantage transparente. Elle facilite en outre le travail du juge.

2. L'assouplissement des contraintes inhérentes à la procédure administrative contentieuse

Le législateur camerounais a pris diverses mesures permettant d'une part, de citer directement l'administration devant le juge administratif et d'autre part, d'abréger les délais d'instance en matière de refus de légalisation des partis politiques.

En effet, dans la procédure administrative contentieuse au Cameroun, on distingue, de la phase proprement contentieuse où l'on voit se dérouler les différentes étapes de la procédure, une phase précontentieuse où l'introduction d'un recours gracieux est indispensable pour déclencher la procédure[127].

Cette exigence procédurale a une triple finalité.

D'abord, elle permet à l'administration d'être informée sur les intentions de l'administré, tout en lui donnant l'occasion éventuellement de réformer sa décision litigieuse ; ensuite, elle permet un règlement à l'amiable du litige au niveau de l'administration afin d'éviter un procès ; enfin, elle lie le contentieux et éclaire le juge saisi sur le fait que l'administration et l'administré n'ont pas pu s'entendre.

Ce principe, constant depuis 1961[128], a été consacré par l'ordonnance n°72/6 du 26 août 1972 fixant l'organisation de la Cour suprême[129] et rappelé en dernier lieu par l'article 17 alinéa 1 de la loi n°2006/22 du 29 décembre 2006 fixant l'organisation et le fonctionnement des tribunaux administratifs qui prévoit désormais que : « *le recours devant le Tribunal administratif n'est recevable qu'après rejet d'un recours gracieux adressé à l'autorité auteur de l'acte attaqué ou à celle statutairement*

---

[127] Cf. **M. KAMTO, « La fonction administrative contentieuse de la Cour Suprême du Cameroun»,** in **Les Cours Suprêmes et Hautes Juridictions d'Afrique**, Paris, Ecomomica, 1988, pp. 42 et suivantes.
[128] Cf. ordonnance n°61/DF/6 du 4 octobre 1961 fixant la composition, les conditions de saisine et la procédure devant la Cour Fédérale de Justice.
[129] Notamment en son article 12 paragraphe 1 qui disposait que : « *le recours devant la Cour Suprême n'est recevable qu'après rejet d'un recours gracieux adressé au Ministre compétent ou à l'autorité statutairement habilitée à représenter la Collectivité publique ou l'Etablissement public en cause* ».

habilitée à représenter la collectivité publique ou l'établissement public en cause ».

Il résulte de la jurisprudence[130] que le recours gracieux préalable est d'ordre public. C'est dire que l'inobservation ou la violation des dispositions de la loi qui l'institue peut être soulevée d'office par le juge sans que les parties à l'instance l'aient invoquée. « *Véritable verrou protecteur de l'administration* »[131], le recours gracieux préalable, malgré les précisions apportées par l'article 17 alinéa 1 de la loi n°2006/22 du 29 décembre 2006 (ci-dessus cité), sur la détermination des autorités administratives compétentes pour connaître d'un tel recours, reste et demeure « *le casse-tête du Contentieux administratif camerounais* »[132].

C'est sans doute pourquoi, de nos jours, « *par le biais de lois spéciales attributives de compétence nouvelle au juge administratif, on note un déclin sensible de la traditionnelle protection précontentieuse de l'administration. La multiplication croissante des exceptions à la formalité processuelle qu'est le recours gracieux préalable en est la manifestation éclatante* »[133].

L'exigence de ce recours gracieux est ainsi écartée par l'article 8 alinéa 3 de la loi n°90/56. Le refus de l'autorisation portant existence légale d'un parti politique est donc susceptible de recours, sur simple requête, devant le président de la Chambre administrative. Contrairement au délai traditionnel de soixante (60) jours imparti au justiciable pour saisir le juge, ce recours doit intervenir dans un délai de 30 jours à compter de la date de notification à personne ou à domicile.

Il en est de même en matière de refus d'enregistrement d'un syndicat[134].

---

[130] **Jugement n°12/CS/CA du 27 avril 1978, affaire ITEM Dieudonné** c/ État du Cameroun Ce principe a été rappelé en des termes plus explicites dans un **jugement n°4/CS/CA du 25 mai 1989, NZENGUE NGOUNOU Dagobert** : « *attendu en effet que le moyen tiré de l'inobservation de la règle du recours gracieux préalable est d'ordre public et peut être soulevé d'office par le juge* ».
[131] **Jean-Calvin ABA'A OYONO, « La compétence de la juridiction administrative en droit camerounais »,** Thèse Droit, Nantes 1994, p. 282.
[132] **M. KAMTO, Droit administratif processuel du Cameroun,** Presses Universitaires d'Afrique, Yaoundé, 1990, p.153.
[133] **J.C ABA'A OYONO,** Thèse précitée, p.274.
[134] Article 14 du Code du travail de 1992.

Ces assouplissements des contraintes traditionnelles inhérentes à la procédure administrative contentieuse témoignent de la volonté du législateur d'accélérer la procédure de règlement du contentieux de la formation des associations.

B. Les cas d'annulation juridictionnelle du refus illégal de l'autorisation

Le refus illégal de l'autorisation peut être annulé par le juge de l'excès de pouvoir. L'examen de la jurisprudence ne laisse aucun doute sur ce point.

Dans l'affaire Union nationale camerounaise (UNC) contre État du Cameroun[135], le juge administratif a considéré comme étant illégal le refus du ministre de l'Administration territoriale de légaliser un parti politique qui avait pris la dénomination "UNC", appellation de l'ancien parti d'AHIDJO et pour devise "Paix-Travail-Patrie", la devise de la République du Cameroun, ce ministre ayant déjà obtenu du requérant qu'il change de devise. Il a annulé la décision attaquée en estimant justement que le motif argué par le Ministre pour refuser la légalisation du parti UNC n'est pas contenu dans l'article 9 de la loi n°056 du 19 décembre 1990, laquelle énumère de façon "*exhaustive et limitative*" les cas de refus d'autorisation.

Le juge administratif a adopté la même attitude dans de nombreuses espèces similaires.

Ainsi, dans les affaires Regroupement démocratique pour la république (RDR) du 18 décembre 1992[136] et Programme social pour la liberté et la démocratie (P.S.L.D.) du 18 décembre 1992[137], le ministre de l'Administration territoriale avait refusé de légaliser les partis requérants au motif que « *le mémorandum versé au dossier reprend les dispositions des projets de société des autres partis politiques* ». Le juge a estimé que c'est vainement qu'on rechercherait dans l'article 9 de la loi n°90/056 qui

---

[135] **C.S./P.C.A, ordonnance n°28 du 9 avril 1992, Union Nationale Camerounaise (U.N.C.)** c/État du Cameroun, **Observations B. GUIMDO**, *Juridis Info* n° 19, juillet-septembre 1994, pp. 27-33.
[136] **CS/CA, ordonnance n°25/CS/PCA/91-92 du 18 septembre 1992, affaire R.D.R.** contre État du Cameroun.
[137] **CS/CA, ordonnance n°26/CS/PCA/91-92 du 18 septembre 1992, affaire PSLD** contre État du Cameroun.

énumère de façon exhaustive et limitative les cas de refus de légalisation des partis politiques[138], le motif allégué par l'administration.

De même, dans l'affaire U.P.C-Manidem, pour refuser de légaliser le parti recourant, l'administration a donné comme motif que « *(...) sa dénomination est de nature à créer la confusion entre Union des Populations du Cameroun (U.P.C.), déjà reconnue et dont le sigle est juridiquement protégé à l'Organisation Africaine de la Propriété Intellectuelle (O.A.P.I.)* ». En établissant que les motifs de refus invoqués par l'administration ne sont pas prévus par la loi, le juge a ainsi mis en cause leur valeur juridique.

Dans ces décisions, le juge administratif a fait montre d'une remarquable hardiesse qui laisse envisager avec optimisme son rôle de garant des libertés fondamentales dans le contexte nouveau du pluralisme.

Section III. LES TYPES D'ASSOCIATIONS SOUMIS A L'AUTORISATION ADMINISTRATIVE PREALABLE

Cercle, Amicale, Comité, Club, etc. La diversité des noms que les associations se donnent témoigne de la variété du phénomène. On peut les distinguer successivement, suivant l'objet de leur activité, à savoir les syndicats professionnels **(Paragraphe I)**, les partis politiques **(Paragraphe II)**, les associations étrangères **(Paragraphe III)**, les associations reconnues d'utilité publique **(Paragraphe IV)**, les Organisations non gouvernementales **(Paragraphe V)**, les associations religieuses **(Paragraphe VI)** et les associations sportives **(Paragraphe VII)**.

---

[138] Aux termes de l'article 9 de la loi n°90/056 du 19 décembre 1990, « *ne peut être autorisé, tout parti politique qui :*
- *porte atteinte à l'intégrité territoriale, à l'unité nationale, à la forme républicaine de l'État, à la souveraineté nationale et à l'intégrité nationale, notamment par toutes sortes de discriminations basées sur les tribus, les provinces, les groupes linguistiques ou les confessions religieuses ;*
- *prône le recours à la violence ou envisage la mise sur pied d'une organisation militaire ou paramilitaire ;*
- *reçoit les subsides de l'étranger ou dont l'un des dirigeants statuaires réside à l'étranger ;*
- *favorise la belligérance entre les composantes de la Nation ou entre des pays* ».

Paragraphe I. Les syndicats professionnels

L'article 2 de la Convention n°87 de l'Organisation internationale du travail (OIT) sur la liberté syndicale et la protection du droit syndical de 1948, (ratifiée par le Cameroun le 07 juin 1960), garantit le droit des travailleurs et des employeurs de constituer des organisations « *sans autorisation préalable* » des autorités publiques[139].

Mais, depuis plus de 20 ans, l'OIT reproche au Cameroun de perpétuer, par le biais de sa législation, un régime d'autorisation administrative préalable au niveau du mouvement syndical; ainsi qu'il est loisible de le constater, à la lecture du Rapport ci-dessous cité de la Commission d'experts pour l'application des conventions et recommandations de 2012[140].

---

[139] En ce sens, V. **Liberté syndicale et négociation collective**, Publication du Bureau international de travail, Genève, première édition, 1994, p. 34.

[140] V. **Conférence internationale du travail, 101e session, 2012, Rapport III (Partie 1A). Rapport général et observations concernant certains pays**, Publication du Bureau international du Travail, Genève, 2012, p.100 : « *Depuis de nombreuses années, la commission demande au Gouvernement camerounais de prendre les mesures qui s'imposent en vue de modifier la loi no 68/LF/19 du 18 novembre 1968 (qui soumet l'existence juridique d'un syndicat ou d'une association professionnelle de fonctionnaires à l'agrément préalable du Ministre en charge de l'administration territoriale). De même, la commission prie le Gouvernement depuis de nombreuses années de prendre les mesures nécessaires en vue de modifier l'article 6(2) du Code du travail de 1992 (qui dispose que les promoteurs d'un syndicat non encore enregistré qui se comporteraient comme si ledit syndicat avait été enregistré sont passibles de poursuites judiciaires) ainsi que l'article 166 du Code (qui prévoit de lourdes amendes contre les membres d'un syndicat auteurs de cette infraction). La commission rappelle que le Gouvernement avait indiqué dans son précédent rapport que l'adoption des amendements considérés remplacerait le système actuel d'enregistrement des syndicats, qui équivaut à un régime d'autorisation préalable, par un régime de déclaration et impliquerait la disparition des peines et/ou amendes en cas de violation de la loi; par ailleurs, l'annulation de l'enregistrement d'une organisation relèverait de la seule autorité judiciaire, mettant ainsi fin aux possibilités de dissolution des organisations par voie administrative. La commission note que le Gouvernement indique dans son rapport que le Ministre du Travail et de la Sécurité sociale a mis en place un Comité pour la refonte du Code du travail et de ses textes d'application, et que les articles concernant les syndicats vont être révisés afin de les mettre en conformité avec les dispositions de la convention. Le Gouvernement indique encore que la révision en cours du Code du travail et l'adoption d'une loi sur les syndicats viendront notamment résoudre le problème des syndicats du secteur public. La commission ne peut donc que réitérer son ferme espoir que, dans le cadre des réformes envisagées, le gouvernement sera en mesure d'indiquer sans délai les progrès réalisés sur tous ces points* ».

En effet, l'article 3 du Code du travail permet aux employeurs, lorsqu'ils sont au moins à 5, et aux travailleurs, dès lors qu'ils sont au moins 20 signataires[141], de créer librement des syndicats professionnels ayant pour objet l'étude, la défense, le développement et la protection de leurs intérêts, notamment économiques, industriels, commerciaux et agricoles, ainsi que le progrès social, économique, culturel et moral de leurs membres.

L'article 6 alinéa 1 du même texte ajoute qu'un syndicat professionnel n'a d'existence légale qu'à partir du jour où un certificat d'enregistrement lui est délivré par le greffier des syndicats, haut fonctionnaire nommé par décret présidentiel et qui exerce en même temps les fonctions de Secrétaire général du ministère en charge du Travail et de la Prévoyance sociale. Ce dernier a une compétence d'appréciation en la matière.

L'exigence de ce certificat d'enregistrement, comme l'a souligné M. KAPTUE, «*instaure sournoisement un régime de l'autorisation préalable qui n'avait jamais eu cours au Cameroun, même pendant les années les plus sombres de l'expérience coloniale*» [142].

En effet, à l'époque coloniale, la création des syndicats était soumise à la formalité de la déclaration, qui excluait tout contrôle d'opportunité de la part de l'administration.

Par exemple, l'article 4 du décret français du 7 août 1944[143] exigeait simplement qu'un dossier en trois exemplaires comprenant les statuts et les noms des membres du bureau du mouvement soient déposés à la mairie pour les communes de plein exercice et au bureau du chef de circonscription administrative pour les communes mixtes, les départements, les régions et les subdivisions[144].

---

[141] Les étrangers doivent, en outre, avoir résidé pendant 5 ans au moins sur le territoire de la République du Cameroun. Cf. article 10 du Code du travail.

[142] **L. KAPTUE, « Droit et syndicalisme au Cameroun »**, article précité, p. 79.

[143] Ce décret a été rendu exécutoire au Cameroun par un arrêté du gouverneur en date du 7 septembre 1944 (J.O.C. du 1/10/1944, p. 666).

[144] Ce décret, ainsi que le précise M. **Abel EYINGA,** apportait une innovation de taille : l'appartenance à un syndicat n'était plus subordonnée, comme dans le cadre du décret BLUM du 11 mars 1937, à la possession du Certificat d'études primaires ni au fait de savoir parler, lire et écrire couramment le français. Ces exigences n'étaient plus requises que pour les syndiqués « *chargés de l'administration ou de la direction d'un syndicat* » (art. 5), in **Démocratie de Yaoundé, tome 1. Syndicalisme d'abord***, 1944-1946*, Paris, L'Harmattan, 1985, p. 64.

Après l'indépendance, comme l'a écrit le professeur POUGOUE, « *le Code du travail de 1967 et celui de 1974 étaient le reflet d'une société politique unipartite* »[145].

L'apport essentiel de la réforme de 1992 est l'instauration de la décision tacite dans la procédure de délivrance du certificat d'enregistrement. Cela a été d'ailleurs le cas pour les partis politiques dès 1990.

Paragraphe II. Les partis politiques

En l'absence de définition législative des partis politiques[146], il est admis par une doctrine quasi unanime qu'ils constituent « *une coalition de personnes qui cherchent à prendre le contrôle, par des moyens légaux, de l'appareil du pouvoir* »[147]. Cette conception permet de les distinguer des groupes d'intérêts ou de pression qui cherchent à influencer le pouvoir sans en prendre le contrôle; des groupes insurrectionnels, ligues ou milices, qui cherchent à s'en emparer par la force; des simples clubs ou associations puisque, à la différence de ces derniers, les partis regroupent des adhérents autour d'une idéologie, des moyens et un programme politique. Enfin, créés pour accéder au pouvoir et l'exercer, les partis politiques se doivent d'avoir une certaine organisation et une permanence dans le temps qui les distinguent des clubs ou comités à durée éphémère[148].

La vie politique ne se conçoit pas raisonnablement sans l'existence et l'activité des partis politiques ainsi définis, lesquels « *sont des associations qui concourent à l'expression du suffrage* ». Pourtant, la liberté partisane, consacrée par le constituant, s'est trouvée paralysée

---

[145] **P. G. POUGOUE**, « **Commentaire de la loi n°92/007 ...** », précité, p. 35.
[146] Comme l'a remarqué très justement **Jean-Pierre CAMBY**, on se trouve ainsi face à « *un paradoxe législatif et presque constitutionnel : d'un côté, une absence de définition du parti politique et de l'autre l'autorisation de toute une série d'actions* », in « **Qu'est-ce qu'un parti politique ou un groupement politique ?** », *Les Petites Affiches*, 7 mars 1997, pp. 14-19, notamment p.17.
[147] **Anthony DOWNS** cité par **Christian BIDEGARAY**, « **Du confessionnal et du diable : réflexions sur le statut des Partis politiques quarante ans après la fondation de la Vème République** », R.D.P. 1998, p.1814.
[148] En ce sens, voir **C. BIDEGARAY**, « **Du confessionnal et du diable…** », article précité, p. 1814 et **Claude EMERI**, « **Les partis politiques et les institutions constitutionnelles en France** », *Les Petites Affiches*, 19 avril 1996, pp. 9-14, p.10.

dans sa mise en application du 1ᵉʳ septembre 1966 [149] au 19 décembre 1990. Il n'en était toujours pas ainsi[150].

Comme l'a noté avec pertinence le professeur KAMTO, « *pendant la période coloniale, en particulier sous le régime d'autonomie interne dont le statut octroyé par le gouvernement français par un décret du 16 avril 1957 en constitue la première assise juridique, le Cameroun connaît l'éclosion d'un riche multipartisme qui deviendra très vite foisonnant (...) L'expérience du multipartisme s'est poursuivie après l'accession du pays à la souveraineté internationale, et l'on pouvait dénombrer jusqu'à 84 Partis politiques au Cameroun oriental* »[151].

---

[149] En juin 1966, les dirigeants de l'Union camerounaise, du KNDP, du CPNC et du CUC se réunissent à Yaoundé. La fusion des quatre partis y est décidée à compter du 1ᵉʳ septembre 1966 pour créer l'Union nationale camerounaise ou l'UNC. Voir à ce propos, **François-Xavier MBOME, « Les transitions démocratiques en Afrique : L'exemple du Cameroun »**, *Juridis Périodique* n° 41, mars 2000, pp. 1- 21, p.3.

[150] L'opposition politique au Cameroun a d'abord existé à l'époque coloniale. Les années 40-60 constituent la période d'éveil de la conscience politique où l'opposition, unie autour d'un objectif commun (contester l'ordre colonial), s'était principalement évertuée à rechercher l'indépendance du pays. Elle se présentait comme un héritage de la culture politique de l'Occident. Cette mouvance partisane devait s'accompagner de la mise en place d'institutions représentatives ouvertes aux Camerounais, tant à l'échelon local que central. Pourtant, après l'indépendance tant recherchée, les divisions un instant mises de côté, réapparaissent et sont plus que jamais menaçantes pour cette unité nationale tant adulée. La répression violente de la contestation politique, à partir des années 1955 jusqu'à l'avènement de l'Union nationale camerounaise (UNC), parti unique de fait, et l'écrasement des mouvements politiques clandestins grâce à « *l'institutionnalisation de la légalité d'exception* » (selon une expression du professeur Joseph OWONA), allaient porter un sérieux coup à l'activisme des partis politiques d'opposition de l'époque. Ensuite, l'avènement du parti unique de fait le 1ᵉʳ septembre 1966 a sonné le glas des organisations partisanes et l'implacable machine répressive mise en place par AHIDJO, avec l'assistance de l'ex-métropole française, condamnait les membres de l'opposition des années 60 et tous ceux qui ne partageaient pas sa vision politique. Plusieurs solutions s'offraient alors aux opposants : soit la lutte armée, soit la prison politique, soit l'exil, soit enfin la soumission et la collaboration avec le régime *dictatorial*. Cette période de *terreur* devait prendre fin sous le fait de plusieurs pressions d'origines diverses et laisser place à ce que la doctrine a qualifié de « *renouveau démocratique* » du début des années 90. Pour plus amples précisions à ce sujet, lire notamment, **Léopold DONFACK SOKENG, « L'institutionnalisation de l'opposition : une réalité objective en quête de consistance »**, in SINDJOUN Luc (dir.), **Comment peut-on être opposant au Cameroun ?** *op.cit.*, pages 51 et suivantes.

[151] **M. KAMTO, « Dynamique constitutionnelle du Cameroun indépendant »**, *Revue Juridique Africaine*, numéros 1, 2 et 3, 1995, pp. 7-49, notamment, p. 13.

Le régime rigoureux actuel auquel la loi de 1990 les soumet est notamment illustré par les conditions fixées pour leur légalisation et par l'interdiction qui leur est faite de recevoir des financements de l'extérieur.

Les partis politiques légalement reconnus peuvent bénéficier du financement public dans le cadre de leurs missions d'expression des suffrages. Ce financement concerne aussi bien les dépenses couvrant les activités permanentes des partis politiques que celles consacrées à l'organisation des campagnes électorales. Les modalités d'allocation de la subvention sont fixées par la loi n°2000/015 du 19 décembre 2000[152], abrogée et remplacée (pas de manière substantielle) par les dispositions du Titre XI (article 275 à 287) de la loi n°2012/001 du 19 avril 2012 portant Code électoral.

En outre, l'accès des partis politiques aux médias audiovisuels du service public de la communication est gratuit. À cet égard, a été pris le décret n°92/030 du 13 février 1992 qui fixe les modalités d'accès des partis politiques aux médias audiovisuels du service public de la communication. Au 31 décembre 2005, le Cameroun comptait 197 partis politiques légalisés[153].

Paragraphe III. Les associations étrangères

Sont réputés associations étrangères « *quelle que soit la forme sous laquelle ils peuvent se présenter, les groupements possédant les caractéristiques d'une association, qui ont leur siège à l'étranger ou qui, ayant leur siège au Cameroun, sont dirigés en fait par des étrangers ou dont plus de la moitié des membres sont des étrangers*»[154].

En France, la loi n°81/909 du 9 octobre 1981 a eu pour objet de supprimer le régime spécial d'autorisation qui s'appliquait alors aux associations étrangères y ayant leur activité ou à celles créées en France par des étrangers. Ce régime, créé à la veille de la Seconde Guerre

---

[152] En ce sens, V. **C. KEUTCHA TCHAPNGA, « Le financement des partis politiques et des campagnes électorales au Cameroun. A propos de loi n°2000/015 du 19 décembre 2000 »**, article précité et **Ch. DOUKENG ZELE, « Quelques réflexions sur la loi relative au financement des partis politiques et des campagnes électorales au Cameroun »**, article précité.
[153] Source : Rapport du ministère de la Justice sur l'état des droits de l'Homme au Cameroun en 2005, Yaoundé, octobre 2006, p.114.
[154] Article 15, loi n^b 90/053 précitée.

mondiale, dans une situation internationale exceptionnelle, n'apparaissait plus nécessaire[155].

Au Cameroun, par contre, elles restent soumises à une obligatoire autorisation préalable conditionnant leur légalité. Cette autorisation d'exister doit être accordée par le ministre de l'Administration territoriale, de même que l'autorisation distincte nécessaire à chacun des établissements que l'association se propose de créer sur le territoire national.

La méfiance des pouvoirs publics à l'égard des associations étrangères se traduit singulièrement par le caractère impératif de l'avis du Ministre des relations extérieures, lequel est préalable à l'octroi de l'autorisation ; ainsi que par le fait qu'une autorisation implicite ne peut être à la base de leur existence. Il en est de même des associations reconnues d'utilité publique.

Paragraphe IV. Les associations reconnues d'utilité publique

La reconnaissance d'utilité publique affirme la vocation de l'association à avoir des relations privilégiées avec les collectivités locales mais surtout avec l'État pour les actions qui correspondent aux buts qu'elles se sont assignés.

Ainsi que le précise l'article 32 de la loi n°90/053 du 19 décembre 1990, « *toute association dont la contribution effective est déterminante dans la réalisation des objectifs prioritaires du Gouvernement peut, sur demande, être reconnue d'utilité publique par décret du Président de la République, après avis motivé du Ministre chargé de l'administration territoriale* ».

Elles peuvent, dans ces conditions :

- accomplir tous les actes de la vie civile non interdits par ses statuts, sans pouvoir posséder ou acquérir d'autres immeubles que ceux nécessaires au but qu'elle poursuit ;
- recevoir des dons et legs de toute nature sous réserve de l'autorisation du ministre chargé de l'Administration territoriale pour les dons et les legs immobiliers ;

---

[155] **D. LEPELTIER et Y. STREIFF, Associations, fondations, congrégations,** Paris, GLN JOLY, 1994, p. 34.

- recevoir des subventions de l'État et des collectivités décentralisées ; dans ce cas, l'État doit s'assurer de la bonne utilisation de ces subventions.

La question qui mérite d'être posée ici est celle de savoir si une association non déclarée peut solliciter et obtenir le bénéfice de la reconnaissance d'utilité publique.

Il y a lieu de le penser d'autant plus que certaines dispositions autorisent une telle lecture de la loi : d'abord l'article 32 cité, en parlant, d'une manière générale, de « *toute association* », n'exclut pas formellement cette possibilité. Ensuite, il ressort de l'article 5 alinéa 3 de ladite loi que les régimes de la déclaration et de l'autorisation « *ne s'appliquent pas aux associations de fait d'intérêt économique ou socioculturel* ».

En revanche, la possibilité pour les associations déclarées ou autorisées d'obtenir la reconnaissance d'utilité publique est de plus en plus affirmée. Sur ce point, les textes sont souvent explicites; ainsi que le précise l'article 21 de la loi n°90/053 : « *les associations étrangères peuvent être reconnues d'utilité publique* ».

La reconnaissance est ainsi nécessaire lorsque l'association veut obtenir une capacité juridique élargie. Elle doit pour cela se soumettre à certaines conditions, notamment au contrôle de l'administration sur son fonctionnement.

Ce qui frappe, en outre, c'est le petit nombre d'associations reconnues d'utilité publique : au 18 novembre 2008, on en comptait 21[156]. C'est sans doute pourquoi des interrogations se sont fait jour sur leur raison d'être même, à un moment où les collectivités publiques ont développé d'autres formes de partenariat avec les associations, par exemple au moyen des Organisations non gouvernementales (ONG).

Paragraphe V. Les Organisations non gouvernementales

Au sens de l'article 2 alinéa 1 de la loi n°99/014 du 22 décembre 1999, « *une Organisation Non Gouvernementale (ONG) est une association déclarée ou une association étrangère autorisée conformément à la législation en vigueur et agréée par l'administration en vue de participer à l'exécution des missions d'intérêt général* ». Par

---

[156] Source : Liste dans un document inédit publié en annexes. MINATD, Direction des Affaires politiques, Sous-direction des libertés publiques.

dérogation aux dispositions de l'alinéa 1 ci-dessus, une personne physique ou morale peut créer une ONG unipersonnelle.

Les missions d'intérêt général visées ci-dessus sont définies en fonction des priorités fixées par les pouvoirs publics, notamment dans les domaines juridique, économique, social, culturel, sanitaire, sportif, éducatif, humanitaire, en matière de protection de l'environnement ou de promotion des droits de l'Homme.

Toute association régulièrement déclarée ou toute association étrangère dûment autorisée justifiant d'une contribution effective de trois (3) ans au moins dans l'un des domaines visés ci-dessus peut être agréée [157] au statut d'ONG. Elle doit produire à cet effet un dossier comprenant :

a) une demande timbrée au tarif en vigueur ;

b) une copie du récépissé de la déclaration ou de l'acte d'autorisation ;

c) le rapport d'évaluation des activités de trois (3) ans au moins et le programme d'activités ;

d) le procès-verbal de l'assemblée générale extraordinaire tenant lieu d'assemblée constitutive de l'ONG ;

e) quatre (4) exemplaires des statuts de l'ONG ;

f) la dénomination, l'objet, le siège de l'ONG ainsi que les noms, professions et domiciles de ceux qui, à un titre quelconque, sont chargés de son administration ou de sa direction.

---

[157] En doctrine, le terme « *agrément* » est utilisé dans deux acceptions différentes, voire même opposées, entre lesquelles il convient de se prononcer. La notion de collaboration entre l'administration et les particuliers est au centre de la première conception de l'agrément. Pour **Bernard TRICOT**, « *l'agrément (...) se distingue de l'autorisation proprement dite en ce qu'il n'est pas une simple manifestation du pouvoir de police, mais implique une certaine collaboration entre celui qui en fait l'objet et l'administration. (Ainsi), le titulaire de l'agrément cesse de se mouvoir uniquement sur le plan privé, il acquiert un caractère officiel plus ou moins marqué* », in « **L'agrément administratif des institutions privées** », D. 1948. Chronique, p. 25. Les tenants de la seconde conception estiment, pour l'essentiel, que l'agrément est un procédé de contrôle qui, délivré par l'administration ou par tout autre organisme habilité, concerne la création ou l'exercice d'une activité dans le cadre des libertés publiques, par un individu ou un groupe entièrement indépendant de la puissance publique, donc supposé libre de tous ses agissements. La conception retenue ici est celle qui considère que l'individu ou l'organisme ayant obtenu l'agrément devient en quelque sorte un collaborateur du service public. Cette situation entraîne pour lui à la fois des sujétions et des avantages pouvant aussi bien être d'ordre financier que d'ordre juridique.

Un agrément provisoire d'une durée de trois (3) ans peut être accordé, à titre exceptionnel, à une ONG unipersonnelle.

Le dossier d'agrément est déposé par le(s) fondateur(s) ou le(s) mandataire(s) de l'ONG auprès des services du gouverneur de la province où celle-ci a son siège ou, le cas échéant, son principal établissement au Cameroun. Une décharge mentionnant le numéro et la date d'enregistrement du dossier est délivrée au déposant. Le gouverneur de province dispose d'un délai maximal de quinze (15) jours, à compter de la date de dépôt du dossier, pour le transmettre à la Commission technique chargée de l'étude des demandes d'agrément et du suivi des activités des ONG. Cette dernière dispose d'un délai maximal de trente (30) jours, à compter de la réception du dossier d'agrément, pour le transmettre, assorti d'un avis motivé, au ministre chargé de l'Administration territoriale.

L'agrément au statut d'ONG est accordé après avis de la commission, par arrêté du ministre chargé de l'Administration territoriale qui doit se prononcer dans un délai maximal de soixante-quinze (75) jours à compter de la date de dépôt du dossier auprès du gouverneur. Passé ce délai, et faute pour le Ministre de notifier au(x) fondateur(s) ou au(x) mandataire(s) de l'ONG le rejet ainsi que les motifs de rejet de la demande, l'agrément est réputé accordé, emportant ainsi acquisition de la personnalité juridique par l'ONG.

L'agrément est accordé pour une période de cinq (5) ans renouvelable. Au terme de la période de trois (3) ans, un agrément de cinq (5) ans renouvelable peut être accordé à une ONG unipersonnelle, après avis de la commission.

Sauf décision contraire de l'administration, l'agrément qui est personnel, intransmissible et incessible, est renouvelé par tacite reconduction, au terme d'une période de 5 ans pour la même durée.

Toute ONG dûment agréée peut :

- ester en justice ;

- gérer et disposer des sommes provenant des cotisations des membres ;

- acquérir à titre onéreux et posséder le local destiné à son administration et aux réunions de ses membres ainsi que les immeubles strictement nécessaires à l'accomplissement du but poursuivi ;

- recevoir des dons et legs de toute nature ainsi que des financements d'organismes nationaux ou internationaux, dans le cadre de ses activités, sous réserve de l'autorisation du ministre chargé de l'Administration territoriale pour les dons et legs immobiliers ;

- recevoir des subventions des personnes morales de droit public; dans ce cas, la commission doit s'assurer de la bonne utilisation de ces subventions ;

- obtenir rémunération de ses services ;

-recruter et rémunérer le personnel strictement nécessaire à l'accomplissement de ses missions.

Le recrutement et la gestion du personnel visé ci-dessus ainsi que le régime fiscal applicable aux salaires et accessoires de salaire versés audit personnel se conforment à la législation et à la réglementation en vigueur[158].

Les ONG dûment agréées bénéficient également d'exonérations fiscales et de droits d'enregistrement, conformément au Code général des impôts et au Code de l'enregistrement. Elles sont en outre exonérées de la Taxe sur la valeur ajoutée, conformément à la législation en vigueur.

Les ONG peuvent fusionner ou se scinder en vue de l'accomplissement efficient de leurs missions. La procédure d'agrément prévue par la présente loi s'applique à l'ONG ou aux ONG issue(s) de la fusion ou de la scission, suivant le cas.

À la date du 18 juillet 2011, le Cameroun comptait 28 ONG qui sont des associations et, au 25 juin 2010, 16 ONG unipersonnelles[159].

Paragraphe VI. Les associations religieuses

Est considéré comme association religieuse, tout groupement de personnes :

- physiques ou morales ayant pour vocation de rendre hommage à une divinité;
- vivant en communauté conformément à une doctrine religieuse[160].

---

[158] Article 17 de la loi n°99/014 du 22 décembre 1999 précitée.

[159] Source : ONG agréées par le ministre d'État, ministre de l'Administration territoriale et de la Décentralisation, Document inédit, de 11 pages, reproduit en Annexes. MINATD, Direction des Affaires politiques, Sous-direction des libertés publiques.

A l'égard de l'association religieuse, la législation est particulièrement rigoureuse. Elle doit être expressément autorisée par décret du président de la République, après avis motivé du ministre de l'Administration territoriale. Il en est de même de tout établissement congréganiste. Ce fut d'ailleurs le cas dans le passé[161].

L'État semble veiller avec une attention particulière sur le domaine financier des religions. Dans cette optique, la loi du 19 décembre 1990 portant sur la liberté d'association dispose que les associations et les congrégations religieuses ne peuvent obtenir des subventions publiques, même lorsqu'elles sont reconnues d'utilité publique. Toutefois, elles peuvent recevoir des dons et legs immobiliers nécessaires à l'exercice de leurs activités. Elles tiennent un état de leurs recettes et dépenses en dressant chaque année le compte financier de l'année écoulée ainsi que l'état d'inventaire de leurs biens meubles et immeubles[162]. Les responsables des associations religieuses sont tenus de présenter, sur réquisition du ministre de l'Administration territoriale ou de son délégué, les comptes et les états prescrits sous peine de sanction pénale.

En septembre 2005, le Cameroun comptait 77 congrégations religieuses catholiques légalement reconnues[163] et, à la date du 12 février 2009, 47 confessions religieuses[164].

Paragraphe VII. Les associations sportives

Aux termes des dispositions de l'article 28 alinéas 1 et 2 de la loi n°2011/018 du 15 juillet 2011 relative à l'organisation et à la promotion des activités physiques et sportives, « *une association est dite sportive lorsqu'elle organise, exerce et promeut à titre principal et habituel des activités physiques et sportives. Les associations sportives sont (...) régies par les dispositions de la loi sur la liberté d'association et celles de la présente loi* ».

---

[160] Article 22, loi n°90/053 précitée.
[161] Cf. **Louis Paul NGONGO, Histoire des forces religieuses au Cameroun : de la Première Guerre mondiale à l'indépendance (1916-1955),** Paris, Karthala, 1982 et la loi n°67/LF/19 du 12 juin 1967 sur la liberté d'association, Titre 5.
[162] Article 26 de la loi n°90/053 sur la liberté d'association
[163] Source : Rapport du ministère de la Justice sur l'état des droits de l'Homme au Cameroun en 2005, Yaoundé, octobre 2006, p.114.
[164] Source : Liste dans un document inédit publié en annexes. MINATD, Direction des Affaires politiques, Sous-direction des libertés publiques.

Elles sont toutefois soumises au contrôle de la ligue et de la fédération sportives nationales auxquelles elles sont affiliées. Etant entendu qu'une ligue sportive est une association régie par les dispositions de la loi sur la liberté d'association, celles de la présente loi, ainsi que par les statuts de la fédération sportive nationale à laquelle elle est affiliée[165], alors qu'une fédération sportive est un regroupement à l'échelle nationale de plusieurs associations sportives, sociétés sportives et licenciés d'une ou de plusieurs disciplines sportives, régies par les dispositions de la loi sur la liberté d'association et celles de la présente loi. Elle peut être civile, militaire, scolaire ou universitaire, ou concerner le sport pour personnes handicapées. Elle peut être reconnue d'utilité publique[166].

Les associations sportives accomplissent une mission d'éducation et de formation de la jeunesse en développant des programmes sportifs et en participant à la promotion de l'esprit sportif. Elles peuvent être multisports ou unisports et sont classées en deux (02) catégories :

- les clubs sportifs amateurs ;
- les clubs sportifs professionnels.

Un club sportif amateur est une association sportive à but non lucratif. Il adopte un statut-type qui détermine notamment : son organisation, les conditions de désignation de ses membres et de ses organes dirigeants.

Un club sportif professionnel est une association sportive dont une partie des activités est de nature commerciale. Il est notamment chargé de l'organisation de manifestations sportives payantes et emploie des sportifs contre rémunération fixée d'accord parties[167].

Le fonctionnement des associations sportives, des ligues sportives, des fédérations sportives, des clubs sportifs amateurs et professionnels, est soumis à l'agrément préalable du ministère en charge des Sports. Leur fonctionnement cesse à partir du retrait de cet agrément[168].

---

[165] V. article 32 alinéa 1 de la loi n°2011/018 du 15 juillet 2011 relative à l'organisation et à la promotion des activités physiques et sportives, qui a abrogé la loi du 5 août 1996 fixant alors la Charte des activités physiques et sportives. Pour des précisions utiles sur cette dernière loi, lire **Salomon BILONG, « Le droit des fédérations sportives au Cameroun, le cas de la FECAFOOT : à propos des sources juridiques récentes »**, *Revue Juridique et Economique du Sport* n°45, 1997, pp. 91-103.
[166] Article 34 alinéas 1 et 2 de la loi n°2011/018 précitée.
[167] V. articles 29 et 30 de la loi n°2011/018 précitée.
[168] V. notamment les articles 5 alinéas 3 et 4, article 31, article 32 alinéa 6 de la loi n°2011/018 précitée.

Les clubs, les associations, les ligues et les fédérations sportifs nationaux peuvent bénéficier des aides et subventions de l'État et des collectivités territoriales décentralisées sur la base d'un programme annuel ou pluriannuel et des prévisions budgétaires approuvées par les autorités concernées. Ils peuvent également bénéficier d'aides, de dons et de concours financiers de toute personne morale de droit public ou privé[169].

C'est notamment pourquoi ils sont soumis à un contrôle rigoureux de l'administration sur leur fonctionnement, contrôle exercé en vue de vérifier la conformité ou la compatibilité de leurs actes avec les lois et règlements en vigueur dans les domaines susvisés.

---

[169] V. article 45 de la loi n°2011/018 précitée.

CONCLUSION DE LA PREMIERE PARTIE

Pour contrôler, il faut savoir. Pour savoir, il faut être informé. Pour être informé, l'autorité investie du pouvoir de décision en matière de contrôle a, à sa disposition, des instruments juridiques adéquats que sont l'autorisation et la déclaration préalables. Mais, quelle que soit l'étendue théorique de ces deux techniques de contrôle, le fonctionnement effectif des associations lui échappera. C'est pourquoi les textes lui donnent les moyens juridiques d'effectuer en permanence, de manière efficace, un contrôle *a posteriori* sur les activités des associations.

Seconde partie

LE REGIME JURIDIQUE DU FONCTIONNEMENT DES ASSOCIATIONS

Il n'est pas exceptionnel que les associations déjà constituées ne respectent pas les conditions imposées pour leur fonctionnement. Un attendu de l'arrêt Eitel MOUELLE KOULA, arrêt qui ne nous intéresse pas ici en raison du contenu de la décision rendue[170], mais à cause des moyens invoqués par l'administration dans son mémoire en défense, en témoigne :

« *Considérant que l'État ne remet pas en cause les libertés fondamentales ainsi définies, mais s'oppose aux déviations introduites par la secte dissoute; qu'ainsi, il rétorque que les Témoins de Jéhovah ont été signalés, non dans le domaine de la liberté de culte, mais plutôt dans le domaine politique; qu'en effet, ils ont sillonné le pays pour prêcher l'abstention aux élections...* ».

C'est pourquoi, l'autorité publique veille à ce que les normes posées soient effectivement respectées par les associations existantes **(Chapitre I)** et à ce que les infractions qui seraient commises à leur encontre fassent l'objet de sanctions adéquates **(Chapitre II)**.

---

[170] Voir les **observations** de M. **Eric BOEHLER** sous cet arrêt in *Revue Camerounaise de Droit* n°3, 1973, pp. 54 et suivantes.

Chapitre I

LE CONTRÔLE SUR L'ACTIVITE DE L'ASSOCIATION

Le contrôle est une institution disciplinaire de l'ordre social. Son existence a toujours été considérée comme indispensable, car « *...une société qui entend prendre en charge la responsabilité de son destin...ne peut...s'interdire d'orienter, de contrôler et, s'il y a lieu, d'interdire les activités dont dépend en définitive le développement de la collectivité* »[171].

Le contrôle ainsi compris est indissociable des activités sociales. Toute action subalterne appelle un contrôle, c'est-à-dire une vérification de la conformité de l'action réelle à la représentation que s'en faisait celui qui détient l'autorité suprême. Le contrôle apparaît comme étant nécessaire pour constater l'erreur et préparer la sanction, mais aussi, et surtout, pour tirer des enseignements de l'erreur constatée. Bien plus, en mesurant l'écart entre l'action prévue et l'action effective, en en recherchant les causes, le contrôle peut être un facteur d'efficacité accrue. Il peut également, par ses lourdeurs, ses lenteurs, ses outrances, inhiber les initiatives et freiner l'action[172].

Contrôler, c'est s'assurer si les choses sont bien telles qu'elles devraient l'être **(Section II)**. La notion de contrôle évoque donc l'idée de comparaison et suppose l'existence d'un terme de comparaison **(Section I)**.

Section I. LES RAISONS D'UN CONTRÔLE STRICT

Il est incontestable que l'État camerounais se trouve confronté à des tâches particulièrement délicates, à savoir construire une nation à partir d'une communauté pluriethnique, plurilinguistique et multiconfessionnelle, sauvegarder l'ordre public, assurer le respect de la législation en vigueur; promouvoir le développement dans un pays aux très fortes disparités économiques régionales.

---

[171] **G. BURDEAU, Les libertés publiques,** *op.cit.*, p. 399.
[172] **Georges LANGROD** (dir.), **Traité de Science administrative,** Paris, Mouton, 1966, p. 680.

Dans ce contexte, le contrôle du fonctionnement des associations est apparu comme un moyen indispensable devant permettre à l'État d'atteindre de tels objectifs. Ceux-ci sont parfois complémentaires, mais très souvent divergents; l'extrême diversité des buts ainsi assignés au contrôle de l'État ne rend pas aisée leur classification. Il nous semble cependant important de faire une distinction entre les raisons politiques proclamées **(Paragraphe I)** et celles répondant à la nécessité d'assurer le respect de la réglementation en vigueur **(Paragraphe II)**.

Paragraphe I. Les raisons politiques

Pour quelles raisons précises l'administration peut-elle être amenée à surveiller le fonctionnement des associations ?

La raison principale tient dans le fait que «*toute association, en tant qu'organisation structurée, possède à la limite vocation à devenir un rival potentiel des pouvoirs constitués*»[173].

Aussi est-il indispensable que l'administration ait la possibilité de surveiller le fonctionnement de certaines associations, dont l'activité peut constituer un danger pour la sécurité interne et externe de l'État.

Si l'on ajoute à cet argument d'ordre général celui tiré de la volonté proclamée des autorités publiques, d'une part de réaliser l'intégration nationale[174] dans un État biculturel, multiconfessionnel et pluriethnique, d'autre part de maintenir et de rétablir l'ordre public dans un pays qui a été en proie au terrorisme à la veille et après son accession à l'indépendance en 1960 [175], on comprendra alors pourquoi les

---

[173] **P. LIVET, L'autorisation administrative préalable et les libertés publiques**, *op.cit.*, p. 85.
[174] Comme l'a souligné le professeur **E. NJOH-MOUELLE**, « *Les premières années de l'indépendance du Cameroun ont été consacrées à la recherche de l'intégrité territoriale ; ce que le Président Ahidjo a toujours appelé l'unité nationale. Sous ce vocable, il s'est essentiellement agi pour lui de l'unité territoriale et géographique. La réunification du Cameroun en 1961 consacre cette unité. Sur le chemin de l'État-nation, il restait encore beaucoup à faire. La seconde étape est venue en 1972 lorsque, sur ce territoire retrouvé, on a imposé une autorité politique centrale à la place de la fédération préexistante. Mais la véritable intégration nationale restait à faire; elle suppose le passage de la conscience tribale et ethnique à la conscience nationale* », in **Préface à l'ouvrage** de M. **J.-P. FOGUI, L'Intégration politique au Cameroun, une analyse centre-périphérie**, Paris, LGDJ, 1990, pp. 10-11.
[175] Cf. **Philippe GAILLARD**, « Le Cameroun indépendant : La politique d'abord », in *Jeune Afrique* n°1514, 8 janvier 1990, p. 4.

considérations politiques justifient principalement l'établissement et le développement du contrôle sur les activités des associations.

L'on s'accorde en fait à reconnaître qu' « *au Cameroun, il n'est pas d'activité qui échappe aux sentiments d'appartenance ethnique* »[176].

La prévalence du fait ethnique sur le facteur idéologique apparaît clairement dans la vie politique au stade de l'engagement politique des citoyens. C'est ce qui ressort manifestement d'un examen de la situation des partis politiques au Cameroun, avant la disparition de ces derniers ou avant leur fusion dans l'Union nationale camerounaise (U.N.C) le 1er septembre 1966[177].

L'ancien président de la République, M. AHIDJO, devait d'ailleurs déclarer en ce sens : « *ce n'est un secret pour personne que dans notre Afrique où la réalité tribale est encore vivace et où le sens du loyalisme idéologique demeure embryonnaire, le parti politique a fortement tendance à s'identifier au groupe tribal, à exprimer des ambitions individuelles ou à se transformer en comité de défense des intérêts de groupes particuliers et limités. La vie politique devient dès lors un chassé-croisé de luttes tribales sous le couvert de groupuscules politiques dépourvus de tout idéal national et agissant avec une totale irresponsabilité* »[178].

L'actuel chef de l'État, M. Paul BIYA, partage cette opinion lorsqu'il écrit : « *notre pays, plus qu'aucun autre en Afrique, se révèle être le lieu de rendez-vous d'une variété insoupçonnable de forces centrifuges et antagonistes, d'une infinité de communautés sectaires, voire hostiles, campant face à face en une sorte de veillée d'armes permanente où l'évidence des particularismes ethnico-géographiques est par trop frappante* »[179].

On conçoit, dans ces conditions, que l'unité nationale soit virtuellement en péril au Cameroun et que les pouvoirs publics soient amenés à recourir à tout un ensemble de mesures autoritaires, au premier

---

[176] V. **Jean François BAYART, L'État au Cameroun,** Paris, FNSP, 1979, p. 269.

[177] V. **Zang ATANGANA, « Les partis politiques camerounais »,** Recueil *Penant*, 1960, pp. 682-683.

[178] **Discours au Premier Conseil National de l'UNC** à Yaoundé le 5 novembre 1967.

[179] **Paul BIYA, Pour le libéralisme communautaire,** Paris, éd. P.M. Favre, 1986, p. 33.

rang desquelles figurent les autorisations administratives préalables, pour lutter contre les tendances centrifuges.

Le législateur camerounais a, en conséquence, essayé d'étouffer l'expression des particularismes tribaux et régionaux pour traduire « *cette volonté de vivre en commun* » sur les plans politique, culturel et social.

En effet, aux termes de l'article 4 de la loi n°67/LF/19 du 12 juin 1967, « *les associations présentant un caractère exclusivement tribal ou clanique sont nulles et de nul effet* ».

Etait considérée comme association à caractère exclusivement tribal ou clanique, selon l'alinéa 2 de cet article, « *toute association qui prétend n'admettre pour membre que les ressortissants d'un clan ou d'une tribu déterminée, ainsi que toute association qui, sans écarter explicitement les ressortissants d'autres clans ou d'autres tribus poursuit, en fait, un but contraire à l'unité nationale* ».

La dernière partie de cet alinéa élargissait considérablement la portée de ce texte. Elle était susceptible de rendre difficile l'appréciation par le juge de ce qui est ou non contraire à l'unité nationale.

De manière plus explicite, l'article 9 de la loi n°90/056 du 19 décembre 1990 prévoit actuellement que : « *ne peut être autorisé tout parti politique qui :*

- *porte atteinte à l'intégrité territoriale, à l'unité nationale, à la forme républicaine de l'État, à la souveraineté nationale, notamment par toutes sortes de discriminations basées sur les tribus, les provinces, les groupes linguistiques ou les confessions religieuses.*

- *favorise la belligérance entre les composantes de la nation (...)* ».

Lorsqu'on sait que « *l'affinité ethnique est le principe de regroupement actif au Cameroun* »[180] ou, de manière générale, que l'association est « *un cadre de regroupement presque indispensable pour l'exercice de la plupart des libertés* »[181], on comprend l'intérêt qu'a revêtu et que revêt encore cette législation inhibitrice des forces centrifuges et stimulatrice des facteurs centripètes de la communauté nationale.

---

[180] V. **Jean Louis DONGMO**, « Le dynamisme Bamiléké », Thèse de Géographie, Paris X, publiée en 2 tomes à Yaoundé par le CEPER, 1981, Tome 1, p.73.
[181] V. **Ch. DEBBASCH et J. BOURDON, Les associations,** *op.cit.*, pp. 13 et 14.

En cherchant à réaliser l'unité nationale par le biais des mesures de contrôle, l'État camerounais répond à la nécessité d'empêcher le risque permanent d'explosion interethnique qui reste, sans doute, le vecteur le plus puissant de déstabilisation de l'ordre public dans la société.

Les mesures de contrôle s'expriment également en limitations et en interdictions destinées à garantir l'application des lois et règlements qui régissent les activités des associations.

Paragraphe II. Le respect de la réglementation en vigueur

L'État s'intéresse au fonctionnement des associations pour s'assurer que les normes législatives et réglementaires sont respectées dans la pratique.

Contester la nécessité d'un tel objectif du contrôle aboutirait à reconnaître aux associations un véritable droit à la fraude. Cette nécessité a d'ailleurs été mise en évidence par la doctrine. M. DEMICHEL en a donné l'expression la plus claire :

> « *Le contrôle du respect de la législation en vigueur est non seulement légitime, mais indispensable; car (...) il est rapidement apparu que ce respect n'était pas automatique et que la peur du contrôleur était bien souvent le commencement du civisme* »[182].

En outre, « *sur le plan pratique, une réglementation dont le respect ne serait pas contrôlé serait condamnée à ne pas être appliquée; ce qui serait aussi préjudiciable à l'intérêt général que dangereux pour l'autorité du législateur ou du pouvoir réglementaire* »[183].

La variété des domaines de la réglementation conduit souvent à une assez grande diversité des mesures de contrôle.

Le contrôle peut, par exemple, être motivé par le souci d'assurer le respect de la législation financière.

En effet, parmi les techniques qui permettent de nouer un lien étroit entre les pouvoirs publics et le monde associatif, l'octroi des subventions occupe assurément une place remarquée. La subvention, faut-il le préciser, « *est une intervention financière de personnes publiques au profit de personnes publiques subordonnées ou d'institutions privées,*

---

[182] V. **André DEMICHEL, Le Contrôle de l'État sur les organismes privés. Essai d'une théorie générale,** Paris, LGDJ, 1960, p. 27.
[183] **A. DEMICHEL,** *Ibidem*.

(éventuellement de personnes physiques), pour le financement de certaines activités jugées nécessaires dans l'intérêt public »[184]. Fer de lance de certaines politiques pour les pouvoirs publics et mode d'action leur permettant d'assurer la concrétisation d'objectifs d'intérêt général, la subvention représente aux yeux des membres et sympathisants d'une association, la reconnaissance « publique » des mérites de celle-ci ou de la cause qu'elle sert ; aux responsables et animateurs de ces associations, elle apparaît comme l'assurance de répondre, à tout le moins partiellement, aux aléas du financement. L'octroi d'aides publiques aux associations mêle celles-ci à la gestion de la « chose publique »[185].

Il apparaît avant tout que la subvention n'est nullement une libéralité procédant de la générosité béate des pouvoirs publics. Accordée en vue de la poursuite d'une fin d'intérêt général, elle doit être utilisée dans cette seule perspective. La décision d'octroi d'une aide va donc créer, chez son bénéficiaire, un droit (celui au bénéfice de l'aide), mais également une obligation (celle d'affecter la subvention à la réalisation d'activités convenues). Cette même décision va naturellement générer le contrôle de l'État sur l'utilisation des fonds publics.

Comme l'avait si bien fait remarquer le professeur DEMICHEL, « *l'aide financière de l'État entraîne ipso facto son contrôle. Lorsque les pouvoirs publics fournissent des fonds, il est logique qu'ils en vérifient l'emploi »*[186].

Les textes confirment cette analyse doctrinale.

Selon, par exemple, l'article 32 de la loi n°90/053 du 19 décembre 1990, « *toute association dont la contribution effective est déterminante dans la réalisation des objectifs prioritaires du Gouvernement peut, sur demande, être reconnue d'utilité publique par décret du Président de la République, après avis motivé du Ministre chargé de l'administration territoriale »*. Elles peuvent, dans ces conditions, « *(...) recevoir des subventions de l'État et des collectivités décentralisées; dans ce cas, l'État doit s'assurer de la bonne utilisation de ces subventions »*.

---

[184] V. **CRABBE**, « La journée administrative de Maastricht (Journées belgo-néerlandaises consacrées à l'étude des subventions comme moyen d'administration) », *Revue Internationale des Sciences. Administratives*, 1952, p.287.
[185] V. **David De ROY**, « Associations et subventions : la quadrature du cercle ? », Revue *Pyramides*, 6/2002, pp.117-134, mis en ligne le 28 septembre 2011. URL : http://pyramides.revues.org/449
[186] **A. DEMICHEL**, *op.cit.*, p. 29.

L'article 88 des statuts de la Fédération camerounaise de football du 14 mars 2007 est également très clair sur ce point : « *La FECAFOOT est tenue de rendre compte à l'État des fonds reçus de celui-ci* ».

Le contrôle strict de l'administration sur les partis politiques[187], sur les associations sportives [188] ou encore sur les Organisations non gouvernementales[189] ne doit donc pas être conçu comme une sanction. Il est avant tout un moyen de s'assurer que l'association en question utilise effectivement les fonds apportés par l'État pour le financement de la mission d'intérêt général qu'elle s'est impartie.

Les associations ainsi soutenues financièrement le sont parce que leur maintien est exigé par l'intérêt général, qui « *constitue à la fois le fondement, l'attribut et la limite du pouvoir étatique*»[190].

Dans les contrôles institués pour veiller au respect de la réglementation existante, les dispositions contenues dans les textes dont il s'agit d'assurer l'application marquent les frontières du pouvoir d'appréciation de l'agent de contrôle. Celui-ci peut tolérer des infractions passagères, dans la mesure où il l'estime opportun mais il ne saurait exiger davantage que ne le font les textes, y compris en matière de respect de la législation de travail[191] et de la législation fiscale[192].

---

[187] Les partis politiques légalement reconnus peuvent bénéficier, on l'a dit déjà, du financement public dans le cadre de leurs missions d'expression des suffrages. Ce financement concerne aussi bien les dépenses couvrant les activités permanentes des partis politiques que celles consacrées à l'organisation des campagnes électorales.

[188] Aux termes de l'article 45 de la loi n°2011/018 relative à l'organisation et à la promotion des activités physiques et sportives, les clubs, les associations, les ligues et les fédérations sportifs nationaux peuvent bénéficier des aides et subventions de l'État et des collectivités territoriales décentralisées sur la base d'un programme annuel ou pluriannuel et des prévisions budgétaires approuvées par les autorités concernées. Ils peuvent également bénéficier d'aides, de dons et de concours financiers de toute personne morale de droit public ou privé.

[189] Toute ONG dûment agréée peut : « (…) - *recevoir des dons et legs de toute nature ainsi que des financements d'organismes nationaux ou internationaux, dans le cadre de ses activités, sous réserve de l'autorisation du Ministre chargé de l'administration territoriale pour les dons et legs immobiliers ; - recevoir des subventions des personnes morales de droit public; dans ce cas, la Commission doit s'assurer de la bonne utilisation de ces subventions…* ». V. article 17 de la loi n°99/014 du 22 décembre 1999 précitée.

[190] V. **Jacques CHEVALIER**, « L'intérêt général dans l'administration française », *Revue Internationale de Science Administrative*, 1975, n°4, pp. 325-350, p. 330.

[191] Il faut garder, notamment présent à l'esprit le fait que toute ONG dûment agréée peut : « (…) - - *obtenir rémunération de ses services; - recruter et rémunérer le personnel*

On sait en effet que le progrès de la législation du travail[193] et de la prévoyance sociale[194] a été une des plus grandes et des plus heureuses conquêtes des Camerounais avant et après l'indépendance acquise en 1960[195]. Dans une certaine mesure, les travailleurs sont désormais protégés contre l'exploitation dont ils étaient l'objet de la part du patronat, qu'il s'agisse de l'accès au travail, des conditions d'exercice du travail (notamment de la protection de leur santé et de leur sécurité), des accidents du travail, des congés payés et de la grève.

Le patronat n'aurait pas respecté cette législation du travail et de la prévoyance sociale[196] s'il n'y avait été contraint. Aussi a-t-il été nécessaire de mettre en place des institutions administratives ayant pour tâche d'en vérifier l'application.

C'est à travers l'inspection du travail, les services complémentaires et la Caisse nationale de prévoyance sociale[197] que se manifeste le contrôle

---

strictement nécessaire à l'accomplissement de ses missions. Le recrutement et la gestion du personnel visé à l'alinéa (1) ci-dessus ainsi que le régime fiscal applicable aux salaires et accessoires de salaire versés au dit personnel se conforment à la législation et à la réglementation en vigueur». V. article 17 de la loi n°99/014 du 22 décembre 1999.

[192] Il n'est pas intitule de rappeler, par exemple, qu'un club sportif professionnel est une association sportive dont une partie des activités est de nature commerciale. Il est notamment chargé de l'organisation de manifestations sportives payantes et emploie des sportifs contre rémunération fixée d'accord parties. Art 29 et 30, loi n°2011/018.

[193] Le droit du travail s'applique aux relations de travail marquées par un rapport de subordination. L'article 1er de la loi n°92/007 du 14 août 1992 portant Code du travail visant ces relations parle de travailleur. Ce Code s'applique également à des apprentis, bien qu'ils ne soient pas des salariés au sens strict du terme.

[194] Le droit de la prévoyance sociale a un domaine plus large quant aux personnes concernées ; il tend à assurer, non seulement les travailleurs, mais aussi des assurés volontaires et, du moins pour les risques professionnels, certaines personnes exerçant une activité professionnelle non salariée et déterminée par l'article 5 de la loi n°77/11 du 13/7/1977 portant réparation et prévention des accidents et des maladies professionnels.

[195] V. **Paul-Gérard POUGOUE, Droit du travail et de la prévoyance sociale au Cameroun, Tome 1,** Presses Universitaires du Cameroun, Yaoundé, 1988, pp. 9-24.

[196] On peut citer, entre autres, la loi n°92/007 du 14 août 1992 portant Code du travail, la loi n°77/11 du 13/7/1977 portant réparation et prévention des accidents et des maladies professionnels, l'arrêté n°039/MTPS/IMT du 26 novembre 1984 fixant les mesures générales d'hygiène et de sécurité sur les lieux de travail.

[197] La législation sur la sécurité sociale comprend essentiellement des textes sur la couverture des risques sociaux et des dispositions qui ont pour but de prévenir la réalisation de ces risques. Les agents de la Caisse nationale de prévoyance sociale, établissement public doté de la personnalité juridique et jouissant d'une autonomie

de l'État dans les relations du travail. Tous ces organismes dépendent ou sont sous la tutelle du ministère chargé des questions du Travail et de la Prévoyance sociale.

Par « *Inspection du travail* », on entend l'ensemble des inspections, chacune ayant sa compétence territoriale. L'inspection du travail « *est, dans tous les pays, l'institution clé sans laquelle le droit du travail resterait souvent lettre-morte : elle s'occupe du contrôle, si important, de l'application des lois sociales. Il est par conséquent indispensable que les Inspecteurs du travail aient une formation juridique solide, soient intègres et intellectuellement honnêtes* »[198].

L'inspection est composée d'administrateurs, de contrôleurs et de commis du travail, fonctionnaires régis par le décret n°67/DF/99 du 8 mars 1967. Les contrôleurs et les commis ne peuvent, semble-t-il, qu'agir selon les indications de l'administrateur du travail, qui est très souvent nommé inspecteur, à moins qu'ils soient eux-mêmes, à défaut d'administrateurs, placés à la tête d'une circonscription de travail comme inspecteurs.

Le contrôle est la première mission de l'inspection du travail. Il a un double aspect : contrôle juridique du respect de la réglementation du travail et contrôle technique de l'hygiène et de la sécurité dans l'entreprise. Les inspecteurs peuvent exercer ce contrôle sur plainte ou de leur propre initiative. En principe, ce contrôle couvre l'ensemble de la législation et de la réglementation en matière du travail et de la prévoyance sociale et concerne toutes les institutions publiques ou privées comme les associations.

C'est, enfin, dans le domaine fiscal que le contrôle administratif des activités des clubs sportifs intervient de la façon la plus détaillée.

En effet, l'impôt est certainement la source la plus importante de financement du budget. C'est pourquoi les services habilités veillent à l'application correcte de la loi fiscale par les contribuables.

L'impôt est « *un prélèvement opéré par voie de contrainte par la puissance publique et ayant pour objectif essentiel de couvrir les charges publiques et de les répartir en fonction des facultés contributives des*

---

financière créé en 1967 et que nous n'étudierons pas ici, sont chargés de veiller à l'application de ces deux types de règles.
[198] **P. G. POUGOUE, Droit du travail et de la prévoyance ...,** *op.cit.*, p. 38.

citoyens »[199]. D'après JEZE, « *l'impôt est une prestation pécuniaire, requise des particuliers par voie d'autorité, à titre définitif et sans contrepartie, en vue de la couverture des charges publiques* »[200].

De ces deux définitions, il ressort notamment que l'impôt est une manifestation essentielle de la souveraineté qui s'oppose aux revenus du domaine et à l'emprunt qui sont des ressources que l'État se procure en se comportant comme un simple particulier.

On distingue les impôts directs des impôts indirects[201].

En veillant à ce que le contribuable ne cherche pas à éviter le prélèvement que le *fisc* prétend opérer sur son patrimoine ou, au moins, à en réduire l'ampleur, le contrôle fiscal apparaît comme le meilleur moyen pour prévenir la fuite devant l'impôt, qui a des conséquences graves puisque, au point de vue de la justice, il risque de fausser l'équilibre du système fiscal en permettant à certains contribuables d'éluder leur charge fiscale tandis que d'autres la supportent pleinement. Bien plus, ce phénomène compromet le rendement de l'impôt et diminue les rentrées fiscales.

En pratique, l'on a pris conscience du fait qu'une législation, quel qu'en soit l'objet, dont le respect n'était pas assuré, était une législation vaine.

Le contrôle du fonctionnement des associations peut donc s'exercer dans un but quelconque d'intérêt général. Ce but a une influence sur la mise en œuvre du contrôle.

---

[199] **P. M. GAUDEMET et J. MOLINIER, Finances publiques. Emprunt / Fiscalité. Tome 2,** Paris, Montchrestien, 1988, p. 92.
[200] **Gaston JEZE**, cité par **Benjamin BIDIAS, Les finances publiques et l'économie financière de la République fédérale du Cameroun,** Yaoundé, 1971, p. 289.
[201] *L'impôt direct* est perçu par voie de rôle nominatif ou numérique, c'est-à-dire par un document établi au nom de chaque contribuable avec indication de la matière imposable taxée et la somme due. Il se présente au contribuable d'une façon très apparente et même très brutale, ce qui le rend très impopulaire. Il donne lieu souvent à des fraudes. C'est notamment le cas des impôts sur les sociétés, sur le revenu des personnes physiques, sur les activités, sur le chiffre d'affaires… *L'impôt indirect* est perçu sans rôle nominatif ou numérique à l'occasion des faits intermittents comme les achats d'objets de consommation, la transmission de certaines valeurs ou le service rendu au contribuable. Il frappe en général plus les pauvres et les familles nombreuses que les riches, car pour être rentable, il ne porte que sur des objets de première nécessité et de consommation courante et ne tient compte que des quantités. Les droits de douane et d'enregistrement sont rangés dans la famille des impôts indirects.

Section II. LA MISE EN ŒUVRE DU CONTRÔLE

L'idée essentielle du contrôle répressif du fonctionnement des associations est que les contrôleurs doivent pouvoir prendre connaissance de toutes les manifestations concrètes des activités desdites associations afin de mieux vérifier dans quelle mesure elles respectent les obligations que la loi leur a imposées. Les moyens d'action dont ils disposent sont nombreux, mais on peut les classer en trois rubriques : le droit d'enquête (**Paragraphe I**), le droit de communication (**Paragraphe II**) et le droit de visite (**Paragraphe III**).

Paragraphe I. Le droit d'enquête

Le droit d'enquête « *est la forme la plus anodine du droit d'investigation, puisqu'il consiste seulement à demander des renseignements et des compléments d'information à l'organisme contrôlé* »[202].

Les renseignements que peut demander l'autorité compétente ne font pas l'objet d'une énumération législative et les formules légales sont variées.

L'article 18 de la loi n°90/053 du 19 décembre 1990 dispose, par exemple, que « *les préfets peuvent, à tout moment, inviter les dirigeants de tout groupement ou de tout établissement (d'une association étrangère) fonctionnant dans leur département à fournir par écrit, dans le délai de quinze jours, tous renseignements de nature à déterminer le siège auquel ils se rattachent, leur objet, la nationalité de leurs membres, de leurs administrateurs ou de leurs dirigeants effectifs* ».

Souvent, les textes se contentent seulement d'énoncer que les destinataires du contrôle doivent recevoir les inspecteurs et leur fournir tous les renseignements qu'ils demandent.

Ainsi, l'article 108 alinéa 1.C. du Code du travail du 14 août 1992 décide que les inspecteurs du travail, munis des pièces justificatives de leurs fonctions, sont autorisés « *à procéder à tous examens… ou enquêtes jugés nécessaires pour s'assurer que les dispositions légales et réglementaires en vigueur sont effectivement observées et notamment à interroger, soit seul, soit en présence de témoins, l'employeur ou le*

---

[202] **A. DEMICHEL**, *op.cit.*, p. 93.

personnel de l'entreprise sur toutes les matières relatives à l'application des dispositions légales et réglementaires »[203].

Les inspecteurs fiscaux ont les droits les plus étendus. L'article 258 alinéa 1 du Code général des impôts dispose, par exemple, qu'ils ont le droit de demander tous les éclaircissements et toutes les justifications désirables à propos des déclarations souscrites, lorsqu'ils constatent une insuffisante, une inexactitude, une omission ou une dissimulation dans les éléments servant de base au calcul des impôts, taxes ou sommes quelconques dus en vertu du Code général des impôts.

Il est bien évident que le droit d'enquête ne permet généralement aux inspecteurs d'obtenir que des renseignements imprécis et des présomptions. C'est pourquoi, les textes leur donnent un complément de pouvoir qui est le droit de communication.

Paragraphe II. Le droit de communication

Toutes les associations dont les activités sont soumises au contrôle de l'État et qui tiennent des documents administratifs ou financiers sont dans l'obligation de les présenter à toute réquisition des contrôleurs.

Ce droit, dit de communication, apparaît de plus en plus comme « *l'instrument de portée générale sur lequel l'administration fonde l'essentiel de son pouvoir de contrôle (...). Il apporte à l'administration un titre juridique d'intervention qui fonde et limite son pouvoir général de contrôle* »[204].

Il existe, semble-t-il, sans texte. Comme on l'avait fort bien noté, « *à partir du moment où la loi institue un contrôle, le droit de communication existe ipso facto même s'il n'est pas expressément prévu; car, un contrôle sans droit de communication serait inutile, faute de moyen de s'exercer efficacement* »[205].

---

[203] L'article 115 du Code de travail va dans le même sens. Il prévoit que « *tout employeur public ou privé, quelle que soit la nature de son activité, doit fournir à l'Inspection du Travail et aux services chargés de l'emploi du ressort, des renseignements détaillés sur la situation de la main-d'œuvre qu'il emploie, sous la forme d'une déclaration* ».
[204] **C. COUR, J. MOLINIER, G. TOURNIER, Procédures fiscales,** Paris, PUF, 1982, pp. 48 et 49.
[205] **A. DEMICHEL,** *op.cit.*, p.95.

Le problème ne se pose d'ailleurs pas au Cameroun, puisque tous les textes sur le contrôle de l'application des lois prévoient le droit de communication, pour lui donner une base légale indiscutable.

En effet, le législateur a donné au droit de communication une portée absolument générale du point de vue des documents susceptibles d'être communiqués et de l'utilisation qui est faite de la communication. Tous les documents, quels qu'ils soient, doivent être présentés aux contrôleurs lorsqu'ils les requièrent.

Quelques textes contiennent généralement une énumération de ces documents. Cette énumération est fonction de l'activité contrôlée.

Ainsi, les responsables des associations religieuses sont tenus de présenter, sur réquisition du ministre de l'Administration territoriale ou de son délégué, les listes complètes de leurs membres dirigeants, l'état de leurs recettes et dépenses de l'année écoulée ainsi que l'état d'inventaire de leurs biens meubles et immeubles[206].

Dans le même sens, aux termes de l'article 52 alinéas 1, 2, 3 et 4 de la loi n°2011/018 relative à l'organisation et à la promotion des activités physiques et sportives, « *toutes les associations et les instances sportives sont tenues de présenter leur bilan moral et financier ainsi que tous documents se rapportant à leur fonctionnement sur toute réquisition du Ministère en charge des sports. Ces associations et instances tiennent une comptabilité adaptée à leurs spécificités dans des conditions fixées conformément à la législation en vigueur. Elles sont dans l'obligation de tenir des registres comptables et des registres d'inventaire. Elles sont tenues de présenter leur comptabilité sur toute réquisition de l'administration chargée des sports. Leurs comptes doivent être certifiés par deux Commissaires aux comptes* ».

Ces énumérations ne sont souvent pas limitatives.

À titre d'exemple, l'inspecteur du travail est autorisé à « *demander communication de tous les livres, registres et documents dont la tenue est prescrite par la législation relative aux conditions de travail, en vue de vérifier la conformité avec les dispositions légales ou réglementaires et de les copier ou d'en établir des extraits* ».

---

[206] Articles 26 et 27 de la loi n° 90/053 sur les associations.

Les insuffisances des résultats obtenus par le moyen du droit de communication rendent, dans certaines hypothèses, nécessaire de continuer les investigations afin de recueillir des informations plus précises sur le fonctionnement des associations. À cet effet, la puissance publique peut mettre en œuvre son droit de visite.

Paragraphe III. Le droit de visite

Le droit de visite n'est pas seulement un procédé « *plus énergique que le droit de communication. (Il) est aussi plus efficace car s'il est possible de falsifier une comptabilité, il n'est pas possible de dissimuler les infractions que peuvent révéler l'aménagement des locaux ou le contenu des entrepôts* »[207].

Dans le domaine fiscal, en particulier, écrit le professeur ROUX, « *le droit de visite est le stade le plus élaboré du contrôle (...), celui qui nécessite des investigations très poussées et qui ne sont pas sans analogie avec celles qui accompagnent une enquête de police* »[208].

Ainsi compris, le droit de visite n'est prévu que dans des cas bien déterminés, lorsqu'il est utile et utilisable.

En matière fiscale, notamment, le droit de visite se manifeste de façon plus précise par le droit d'examiner la comptabilité d'une personne morale ou d'une personne physique sur place, au lieu du siège social ou du principal établissement.

Ces moyens d'investigation reconnus à l'administration lui permettent de faire apparaître les infractions qui ont pu être commises par les associations et, lorsqu'elles sont établies, de les sanctionner.

---

[207] **A. DEMICHEL**, *op.cit.*, p. 97.
[208] **André ROUX, « La protection de la vie privée dans les rapports entre l'État et les particuliers »**, Thèse Droit, Aix-Marseille III, 1980, p. 178.

Chapitre II

LES SANCTIONS CONSECUTIVES AU CONTRÔLE

Le véritable but du contrôle *a posteriori* sur le fonctionnement des associations est de faire apparaître les infractions qui ont pu être commises par les responsables des associations, lesquelles doivent naturellement être sanctionnées lorsqu'elles sont établies. Les principales sanctions que met en œuvre le contrôle de l'État sont les sanctions civiles, pénales, disciplinaires et administratives. Seules les deux dernières vont retenir l'attention dans la présente étude. En général, les sanctions civiles ne permettent pas des actions rapides. Le problème des rapports entre ces trois dernières formes de répression se pose lorsqu'elles existent simultanément. Aussi est-il important, afin de mieux cerner l'autonomie des sanctions administratives et disciplinaires, d'apporter d'abord des clarifications sur ces rapports (**Section I**), avant d'établir ensuite les typologies de ces deux sanctions (**Section II**).

Section I. LES RAPPORTS ENTRE MESURE ADMINISTRATIVE, SANCTION ADMINISTRATIVE, SANCTION DISCIPLINAIRE ET SANCTION PENALE

Nous allons successivement envisager les rapports entre sanction administrative et mesure administrative (**Paragraphe I**), sanction administrative et sanction disciplinaire (**Paragraphe II**) et sanction administrative et sanction pénale (**Paragraphe III**).

Paragraphe I. Sanction administrative et mesure administrative

La distinction entre ces deux types de décisions administratives est importante, car le plus souvent, c'est la même autorité qui se trouve investie du pouvoir de prendre à la fois des mesures administratives et des sanctions administratives.

Ainsi, de nombreuses décisions peuvent avoir tantôt le caractère d'un simple acte administratif, tantôt le caractère d'une sanction administrative. Il en est ainsi notamment du retrait de l'autorisation ou de l'agrément, de la fermeture d'un établissement.

Un intérêt contentieux s'attache à cette distinction **(A)**, dont le critère ne relève pas de l'évidence **(B)**.

A. Le critère de la distinction : l'intention répressive de l'auteur de l'acte

La base de la distinction entre sanction administrative et mesure administrative ne se trouve pas dans la nature ni dans les effets de la décision prise, qui sont généralement identiques. On doit la rechercher dans le but de cette décision. Si ce but est répressif, il s'agit d'une sanction ; sinon, il s'agit d'une mesure administrative. Comme l'avait exposé avec clarté M. BRAIBANT :

« Les sanctions sont d'une nature essentiellement répressive. Elles procèdent d'une intention de punir des infractions, soit à une réglementation précise, soit à des principes de morale professionnelle. Elles sont fondées sur des griefs, sur des fautes reprochées. Elles revêtent, en principe, un caractère personnel »[209].

Le caractère répressif de la sanction administrative tient à « *la volonté (de son auteur) de réagir contre un comportement estimé répréhensible au regard des exigences institutionnelles, par une mesure suffisamment préjudiciable au coupable ...* »[210].

Cette intention ne doit pas seulement être exprimée; elle doit aussi résulter des circonstances de l'espèce et le juge administratif, sur ce point, recherche les indices pouvant faire apparaître la nature de l'intention de l'administration.

Un seul exemple suffit pour illustrer le propos.

Le retrait de l'agrément à une association constituera une mesure administrative non constitutive de sanction si les conditions relatives à l'octroi de l'agrément et à son maintien ne sont plus remplies, ou si le maintien de l'agrément est devenu incompatible avec les dispositions des textes en vigueur. En pareille hypothèse, il n'est pas nécessaire que ce retrait soit expressément prévu par un texte quelconque. Dès lors que l'agrément a été valablement établi, l'autorité compétente pour l'octroyer tire de ses pouvoirs propres, en vertu du principe dit *du parallélisme des compétences*, le droit d'en prononcer le retrait à des fins non répressives.

---

[209] **Guy BRAIBANT**, « Conclusions sur C.E. 8 janvier 1960, Ministre de l'éducation nationale contre ROHMER », R.D.P. 1960. p. 335.
[210] **Jacques MOURGEON, La répression administrative,** Paris, LGDJ, 1967, p. 90.

Si, au contraire, le retrait d'agrément apparaît comme motivé par un manquement commis par le titulaire de l'agrément à la réglementation qui lui est applicable à ce titre et s'il apparaît que l'autorité administrative a entendu punir ce manquement, on est en présence d'une sanction administrative.

Le critère de la distinction, qui a un intérêt contentieux essentiel, repose donc sur la recherche des motifs et du but pour lesquels la décision administrative est intervenue.

B. L'intérêt contentieux de la distinction

La sanction administrative est soumise à un régime particulièrement protecteur et partiellement issu ou inspiré du droit pénal. L'existence de ce régime protecteur constitue un élément de la validité même de la notion.

En effet, il est de jurisprudence constante que la procédure du contradictoire doit être respectée s'agissant d'une sanction administrative.

En sens inverse, une mesure purement administrative peut intervenir, quelle que soit sa gravité ou l'atteinte qu'elle comporte pour les libertés publiques, sans que celui qui en est l'objet ait eu communication des griefs qui lui sont reprochés et sans qu'il ait été mis en mesure de présenter ses moyens de défense, à moins qu'un texte ne le prévoit expressément.

L'arrêt n°208, Jean BONNE contre État du Cameroun, rendu par le Conseil du contentieux administratif le 30 janvier 1953, circonscrit parfaitement l'enjeu de la distinction en ces termes :

« *Considérant que la règle qui exige de l'autorité compétente de mettre l'intéressé à même de s'expliquer et de présenter sa défense avant toute mesure de sanction est inapplicable, lorsque, comme dans le cas de l'espèce, il s'agit d'une décision de police* ».

De même, le contrôle des motifs se trouve lié à la qualification répressive de la mesure, puisque les sanctions administratives – comme les sanctions disciplinaires d'ailleurs – sont soumises à la règle de la motivation obligatoire.

Paragraphe II. Sanction administrative et sanction disciplinaire

Les sanctions administratives et disciplinaires sont des mesures essentiellement répressives en ce sens qu'elles ont pour but de punir le manquement à des obligations. Fondées sur des fautes reprochées, ces deux répressions sont prononcées non par des juridictions mais par des autorités administratives **(A)**. Il y a cependant entre elles une différence de domaine d'application **(B)**.

A. Les deux sanctions émanent des autorités administratives et non des juridictions

Les sanctions administratives et disciplinaires ne sont pas des actes juridictionnels. Elles ne se rattachent pas à l'exercice de la fonction juridictionnelle, du moins au sens formel. Elles sont des décisions prises unilatéralement par l'administration dans le cadre du contrôle de l'exercice d'une liberté publique. Cette nature non juridictionnelle des deux répressions entraîne des conséquences juridiques importantes pour le destinataire du contrôle, objet d'une sanction disciplinaire ou administrative.

Tout d'abord, ces deux mesures administratives peuvent désormais faire l'objet d'un recours pour excès de pouvoir ou d'un recours de plein contentieux devant les tribunaux administratifs en premier ressort et devant la nouvelle Chambre administrative de la Cour suprême en cassation[211].

---

[211] La Constitution du 18 janvier 1996 avait ouvert de nouvelles perspectives à la justice administrative en supprimant l'Assemblée plénière, juge d'appel; fonction qui sera désormais exercée par la nouvelle Chambre administrative instituée par l'article 38 et qui est, en outre et c'est une innovation, juge de cassation, puis en posant à l'article 40 les bases de sa déconcentration territoriale. Il a fallu attendre un peu plus de dix ans pour que la loi n°2006/022 du 29 décembre 2006 fixant l'organisation et le fonctionnement des tribunaux administratifs soit adoptée. Cette nouvelle loi réalise l'œuvre la plus originale en créant au chef-lieu de chacune des dix régions du pays un tribunal administratif compétent pour connaître en premier ressort du contentieux des élections régionales et municipales et en dernier ressort de l'ensemble du contentieux administratif concernant l'État, les collectivités territoriales décentralisées et les établissements publics administratifs. Le décret n°2012/119 du 15 mars 2012 a ouvert les 10 tribunaux administratifs précités et celui n°2012/194 du 18 avril 2012 a nommé les magistrats du siège dans lesdits tribunaux (un président et deux juges), tandis que le même jour étaient nommés les attachés aux parquets généraux auprès des cours d'appel chargés du contentieux administratif. Incessamment, les greffes desdits tribunaux seront constitués. La nouvelle Chambre administrative de la Cour suprême comprend cinq sections : une section du contentieux de la fonction publique, une section du

Ensuite, la responsabilité de l'administration peut être engagée pour les dommages causés par les sanctions illégales, alors qu'il y a, on le sait, irresponsabilité de la puissance publique pour l'exercice de la fonction juridictionnelle[212].

Le rapprochement entre ces deux mesures répressives ne doit cependant pas occulter la différence qui les caractérise.

B. Les deux sanctions se distinguent au niveau de leur domaine d'application

La distinction entre sanction administrative et sanction disciplinaire s'établit à partir des domaines à l'intérieur desquels ces mesures s'appliquent et des devoirs qu'elles sanctionnent.

En effet, dans un groupement, la discipline est, comme la définissait le Doyen NEZARD, « *l'ensemble des règles qui...assujettissent chacun de ses membres à des obligations spéciales, distinctes des obligations de tout citoyen, afin de maintenir la considération de ce corps et de lui assurer, dans l'intérêt social de sa fonction, la confiance publique* »[213].

La violation de ces règles par un des membres de ce groupement peut entraîner la mise en œuvre du pouvoir disciplinaire, c'est-à-dire du pouvoir que détient le chef de cette institution de poursuivre et de sanctionner de tels manquements.

---

contentieux des affaires foncières et domaniales, une section du contentieux fiscal et financier, une section du contentieux des contrats administratifs et enfin une section du contentieux de l'annulation et des questions diverses. Chaque section connaît des appels et des pourvois en cassation relatifs aux matières qui relèvent de sa compétence. La mise en place des tribunaux administratifs s'effectue, selon l'article 119 de loi, de manière progressive, en fonction des besoins et des moyens de l'État. En attendant cette mise en place, « *la Chambre administrative de la Cour Suprême exerce provisoirement leurs attributions. A cet effet, les Sections de la Chambre statuent par jugement, en premier ressort, et à charge d'appel ou de pourvoi devant les Sections réunies* ». V. C. **KEUTCHA TCHAPNGA, « La réforme attendue du Contentieux administratif au Cameroun : à propos de la loi n°022 du 29 décembre 2006 fixant l'organisation et le fonctionnement des Tribunaux administratifs »**, *Juridis Périodique* n°70, juin 2007, pp. 24-29.

[212] Dans l'arrêt du 18 août 1972, **Dame Aoua HADJA contre État du Cameroun**, le juge a affirmé : « *que le principe de la séparation des pouvoirs interdit au juge administratif de statuer sur des actions qui mettent en cause le fonctionnement des Tribunaux judiciaires... qu'il échoit à la Cour de se déclarer incompétente* ».

[213] **NEZARD**, « **Principes généraux du droit disciplinaire** », Thèse, Paris, 1903, p. 7.

La répression disciplinaire a ainsi pour objet la sanction du devoir professionnel et des règles de conduite imposées aux membres d'un corps. Très nombreux sont les corps ou professions qui ont leur propre discipline, régie par des règles particulières. On peut, pour ce qui concerne notre étude, citer le cas des sanctions infligées aux clubs par la Fédération camerounaise de football.

La sanction disciplinaire ne concerne donc que les membres d'un corps donné, d'une profession donnée. Elle a pour but immédiat le bien du corps, sa mission, sa cohésion, sa réputation tout en tournant finalement au bien public. Les tiers n'y sont pas concernés. Ils peuvent seulement être condamnés à des dommages-intérêts sur la base de l'article 1382 du Code civil, s'ils portent atteinte injustement à l'activité où à la réputation du corps.

En revanche, la sanction administrative est liée à n'importe quelle activité et concerne n'importe quel individu. Elle est relative à la société civile et punit les obligations communes à tous les citoyens. Elle apparaît comme l'extension des sanctions disciplinaires hors de leur domaine traditionnel.

Ainsi que l'avait relevé COLLIARD, « *la sanction administrative joue dans un ordre juridique étatique général alors que la sanction disciplinaire joue dans des ordres juridiques particuliers* »[214].

Si la sanction administrative, comme la sanction disciplinaire d'ailleurs, est bien une répression, elle ne se confond pas avec la répression pénale.

Paragraphe III. Sanction administrative et sanction pénale

La sanction pénale et la sanction administrative ont le même but : assurer l'ordre au sein d'une société donnée, au moyen d'actes répressifs qui ont en vue la réprobation, l'intimidation et la prévention. Elles peuvent frapper n'importe quel individu et concernent tous les citoyens. Mais, ce sont là les seuls points de rapprochement qu'on peut établir entre ces deux formes de sanction.

La grande originalité de la sanction administrative, par rapport à la sanction pénale, provient notamment de ce qu'elle est prononcée non par une juridiction, mais par une autorité administrative et qu'elle apparaît

---

[214] **Claude Albert COLLIARD**, « **La sanction administrative** », Annales de la Faculté de Droit d'Aix, Nouvelle série, n°36, 1943, p. 6.

comme une forme originale de répression de la violation des lois et règlements.

Cette reconnaissance au profit de l'administration du pouvoir de prononcer les sanctions non pénales illustre l'hypothèse d'une « *justice sans le juge* »[215], dans laquelle l'autorité administrative peut infliger une peine en raison du manquement d'un administré à une obligation imposée par les textes.

C'est dans ce cas seulement que la sanction administrative peut être considérée comme représentative d'un « *droit pseudo-pénal* »[216], portant atteinte au monopole du juge pour la répression des infractions aux lois et règlements.

Ce système particulier de répression, dans lequel la sanction est prononcée par une autorité administrative et non par un juge qui, traditionnellement, détenait le monopole de sanction des infractions aux lois et règlements, a été reconnu conforme à la Constitution par le Conseil constitutionnel français[217].

Les sanctions pénales ne peuvent réprimer que les faits qualifiés d'infractions par la loi, alors que les sanctions administratives répriment des faits dont la définition est beaucoup moins précise mais qui, par contre, sont uniquement liés à l'exercice d'une liberté déterminée. La sanction pénale, en revanche, peut frapper le délinquant dans ses biens, sa liberté et dans sa vie.

Les relations entre ces deux types de répressions sont régies par le principe d'indépendance (**A**). La portée de ce principe doit toutefois être précisée (**B**).

A. Le principe d'indépendance des répressions pénales et administratives

Le principe d'indépendance des répressions pénales et administratives, traditionnel en ce qui concerne les sanctions disciplinaires[218], est

---

[215] **P. DELVOLVE**, « Rapport au Colloque sur la « justice hors du juge » », *Cahier droit entreprise*, 1984, n°4, p. 16.
[216] **Marcel WALINE, Droit administratif,** 9éme édition, 1963, p. 551.
[217] Cf. **Jacques ROBERT**, « **Les sanctions administratives et le juge constitutionnel** », *Les Petites Affiches* n°8, 17 janvier 1990, pp. 6-14.
[218] Ce principe a été exposé avec plus de clarté par le juge administratif camerounais dans l'**arrêt n°265 du 27 novembre 1963, MVE Jean :** « *considérant... que le pouvoir disciplinaire est indépendant des poursuites pénales et consiste dans la possibilité*

également fermement établi en doctrine pour ce qui est des sanctions administratives. Il signifie que les poursuites répressives administratives et les poursuites pénales peuvent être engagées en raison d'un même fait et que les deux types de sanctions peuvent se cumuler.

Ainsi, l'interdiction d'exercer la profession peut être prononcée à titre de sanction administrative et de sanction pénale (article 36 du Code pénal).

Dans le même esprit, l'autorité administrative n'est pas tenue d'attendre les résultats de la procédure pénale entreprise contre une association dont le fonctionnement est soumis au contrôle pour entamer les poursuites administratives.

De même, en vertu de ce principe d'indépendance, l'amnistie[219] ne s'applique aux fautes susceptibles de justifier une sanction administrative ou aux sanctions elles-mêmes que lorsqu'elle le prévoit expressément. Dans le cas contraire, elle met fin à l'action pénale en laissant subsister les poursuites administratives ou disciplinaires. Force est toutefois de constater que le principe d'indépendance des sanctions pénales et administratives n'est pas d'application stricte.

B. La portée du principe

La sanction prise par l'administration ne lie jamais le juge pénal. De son côté, la décision du juge pénal laisse libre l'administration si ledit juge estime que le fait reproché ne constituait pas une infraction ; car, ainsi qu'on va pouvoir le constater, un fait quelconque peut être de nature à entraîner une sanction administrative sans être une infraction pénale.

L'administration peut éventuellement se fonder sur la condamnation pénale pour prononcer une sanction administrative en raison des mêmes faits. En revanche, elle est liée par la constatation de l'inexistence matérielle des faits relevés par le juge pénal[220].

---

accordée à l'autorité compétente de frapper un fonctionnaire d'une certaine répression pour les fautes qu'il a commises dans l'exercice de ses fonctions. Qu'ainsi, un même fait peut faire l'objet de deux instructions, l'une pénale, l'autre disciplinaire ». Le juge administratif a fait application du même principe dans **les arrêts n°489 du 28 juillet 1966, BOUNOU MESSY Raphaël, n°68 du 31 mai 1979 BOUDOMBO Moudio** et **n°54 du 26 avril 1979, KEYANFE Jean Robert.**
[219] V. **C. DEBBASCH**, « L'amnistie en matière disciplinaire », D.1963, 259.
[220] **Arrêt n°205 du 30/1/1953, MBOTTO OTTO c/ Territoire du Cameroun.**

Autrement dit, lorsqu'une décision de relaxe est intervenue au motif de l'inexistence matérielle des faits reprochés, l'administration ou l'autorité ordinale ne saurait se fonder sur ces mêmes faits pour infliger une sanction administrative à l'intéressé. Mais, les jugements d'acquittement au bénéfice du doute ne font pas obstacle à la mise en œuvre des différentes sanctions administratives.

Section II. LE DEVELOPPEMENT DES SANCTIONS ADMINISTRATIVES ET DISCIPLINAIRES

Il existe un véritable arsenal de sanctions administratives et disciplinaires que peuvent utiliser les autorités détentrices du pouvoir de contrôle à l'encontre des récalcitrants. Ces sanctions, qui prennent en pratique plusieurs formes, ont connu un développement notable **(Paragraphe I)**. Le développement de diverses sanctions administratives et disciplinaires est toutefois allé de pair avec la reconnaissance de garanties de plus en plus nombreuses reconnues aux sujets des contrôles **(Paragraphe II)**. Toutefois, l'apparente multiplicité des contrôles sur le fonctionnement des associations ne doit pas faire illusion. Ces contrôles sont, en pratique, très insuffisants **(Paragraphe III)**.

Paragraphe I. Les diverses sanctions administratives et disciplinaires applicables

Nous allons examiner tour à tour les différentes peines disciplinaires **(A)** et la typologie des sanctions administratives **(B)**.

A. Les différentes peines disciplinaires

Les sanctions disciplinaires, dans le sens de la présente étude, sont celles qui peuvent être prononcées par les instances disciplinaires des fédérations sportives, notamment de la Fédération camerounaise de football (FECAFOOT), sous réserve de l'intervention de l'État, gardien suprême des droits individuels des corps particuliers et de la société globale.

Aux termes de l'article 80 des statuts de la Fédération camerounaise de football du 14 mars 2007, les mesures disciplinaires applicables sont les suivantes :

1) *Contre les personnes physiques et morales :*

a) Mise en garde ;

b) Blâme ;

c) Amende ;

d) Restitution de prix.

2) *Contre les personnes physiques :*

a) Avertissement ;

b) Expulsion ;

c) Suspension de match ;

d) Interdiction de vestiaires et/ou de banc de réserve ;

e) Interdiction de stade ;

f) Interdiction d'exercer toute activité relative au football.

3) *Contre les personnes morales :*

a) Interdiction d'enregistrer de nouveaux joueurs ;

b) Obligation de jouer à huis clos ;

c) Obligation de jouer en terrain neutre ;

d) Interdiction de jouer dans un stade déterminé ;

e) Annulation de résultats de matches ;

f) Exclusion ;

g) Forfait ;

h) Déduction de points ;

i) Perte de match ;

j) Relégation forcée dans une catégorie inférieure.

La commission d'homologation et de discipline peut prendre la plupart des sanctions ci-dessus énumérées contre les dirigeants de clubs, les entraineurs, les officiels, les joueurs ainsi que les agents des matches et des joueurs.

Lorsqu'elle estime devoir être bienveillante, elle peut juste prononcer les sanctions portant atteinte à l'honneur professionnel, comme la mise en garde, le blâme, l'avertissement qui s'analysent en un rappel solennel donné à la personne physique ou morale en cause, avec des incidences patrimoniales ou professionnelles très faibles. Leur effectivité est assurée par l'inscription qui en est faite au dossier de l'intéressé. Cette inscription, en cas de récidive, est susceptible d'aggraver la seconde peine encourue.

Elle peut également prendre des sanctions pécuniaires, comme les amendes ou la restitution des prix, qui sont surtout des mesures d'intimidation.

La commission d'homologation et de discipline peut, enfin, prononcer certaines peines portant temporairement ou définitivement atteinte à l'exercice des droits juridiques relatifs à l'activité professionnelle; comme, pour ne citer que quelques exemples, l'interdiction de jouer dans un stade déterminé, l'obligation de jouer en terrain neutre ou à huit clos, la perte de match, le forfait... Etant entendu que ses décisions sont susceptibles d'appel devant la commission de recours.

Toutefois, comme le précise l'article 78 des statuts de la Fédération camerounaise de football du 14 mars 2007, « *la compétence disciplinaire de l'Assemblée Générale et du Comité Exécutif de la FECAFOOT de prononcer des suspensions et des exclusions des membres est réservée* ».

En théorie, l'exclusion et l'ensemble des sentiments qu'elle suscite chez celui qui en est frappé ont été bien mis en relief par CASAMAYOR dans son roman « *Le Prince* », (Paris, Le Seuil, 1966, p.129 : « *l'acte d'autrui l'avait exclu. À partir de l'instant où cette exclusion était accomplie, il avait cessé d'exister. Le passage sans transition au néant tenait de la magie. Comment quelque chose peut-elle être réduite à rien ? Comment le néant peut-il se substituer au tout ?...Comment deux hommes apparemment identiques pouvaient-ils différer de cet infini qui sépare la présence de la disparition ?* »

L'exclusion peut en effet prendre la forme de l'interdiction d'exercer toute activité relative au football, de l'interdiction de stade, de vestiaire et/ou de banc de réserve. Elle présente un caractère personnel : « *elle frappe des individus déterminés et a pour but de les mettre hors d'état de nuire* »[221].

La suspension a, généralement, un caractère provisoire. En tant que peine disciplinaire, elle occupe le plus souvent, dans la liste des sanctions prévues par les textes, un degré immédiatement inférieur à l'exclusion.

---

[221]. **Gérard VICHE, « La sanction professionnelle »,** Thèse Droit, Montpellier, 1948, p. 238.

En pratique, la suspension intervenant comme sanction disciplinaire de la FECAFOOT tend à être de plus en plus fréquente.

Quelques exemples suffisent pour illustrer le propos :

Le 12 décembre 2011, la commission d'homologation et discipline de la FECAFOOT a suspendu deux joueurs internationaux pour leur implication dans *l'histoire du match amical annulé contre l'Algérie*. Samuel ETO'O, capitaine de l'équipe nationale, a écopé de 15 matches de suspension, tandis que EYONG Enoh, vice-capitaine, a écopé de deux matches de suspension. Cette décision a été fortement critiquée par l'opinion publique camerounaise. Sans surprise, quelques semaines plus tard, le 7 janvier 2012, réunis en assemblée générale, l'affaire "*ETO'O et ses lieutenants*" (appellation utilisée par la FECAFOOT), sans être au programme, s'est imposée à la dernière minute dans l'ordre du jour. La sanction d'ETO'O a été réduite de quinze matches de suspension à 8 mois. De son côté, EYONG Enoh a vu sa peine passer de deux matches de suspension à juste deux mois[222].

Après l'allègement des sanctions infligées aux deux joueurs de l'équipe nationale ci-dessus cités, la FECAFOOT a suspendu certains de ses cadres, suite à un problème de détournement de la somme de 25 millions de francs FCFA destinée à l'acquisition d'un siège pour la ligue régionale de l'Ouest. En application de l'article 90 alinéa 1 des statuts de la FECAFOOT [223], M. EMEDECK Charles, vice-président, TUEMO Serges, membre de l'assemblée générale et KAMOA Roger, chef du département financier de la ligue régionale de l'Ouest, ont été provisoirement suspendus du comité exécutif, de l'assemblée générale et du bureau régional de la ligue régionale de football de l'Ouest pour malversation financière concernant les fonds mis à disposition par la

---

[222]. M. **Benoit ASSOU-EKOTTO,** pour son refus de répondre à l'appel du sélectionneur, s'était également vu infligé une amende de 1 million de FCFA, laquelle a été par la suite purement et simplement annulée. Sur tous ces points, V. **Christophe LELE, « Affaire ETO'O : la FIFA veut y voir plus clair »**, (26/01/2012), http://www.africatime.com/Cameroun/nouvelle.

[223] L'article 90 alinéa 1 des statuts de la Fédération camerounaise de football du 14 mars 2007, intitulé : *des poursuites,* est ainsi rédigé : « *tout membre d'un organe, d'une Commission permanente, spécialisée ou ad hoc de la Fédération chargé d'une opération financière à la FECAFOOT et convaincu de malversations sera immédiatement suspendu par le Comité Exécutif jusqu'à la tenue de la prochaine Assemblée Générale, sans préjudice des poursuites pénales dont il pourrait faire l'objet à l'initiative dudit Comité Il est inéligible* ».

FECAFOOT pour l'acquisition d'un immeuble devant abriter le siège de ladite ligue.

Dans le même sens, l'Association des footballeurs camerounais (AFC) a été suspendue avec effet immédiat pour violation des dispositions de l'article 14 des statuts. M. David MAYEBI, vice-président de la FECAFOOT, a été révoqué provisoirement du comité exécutif et de l'assemblée générale pour expression outrageante et allégation des faits portant atteinte à l'honneur et à la considération de la FECAFOOT[224].

Enfin, par décision n°2012/004/FCF/CEFP du 12 avril 2012, la commission de recours de la FECAFOOT, à la requête du manager général de Coton Sport FC de Garoua, a, pour comportement contraire à l'éthique, infligé à AGBOR Kelvin, joueur de Tiko United, *la sanction d'interdiction d'exercer toute activité relative au football pour une durée de dix-huit (18) mois* et à BOM YANG Fernando, joueur de Young Sport Academy de Bamenda, *la sanction d'interdiction d'exercer toute activité relative au football pour une durée de neuf (09) mois*[225].

La gradation des peines disciplinaires prévues par les statuts de la FECAFOOT signifie que les autorités compétentes ont, comme pour les sanctions administratives, les moyens d'adapter la sévérité de la sanction à la gravité de la faute.

B. Les différentes sanctions administratives

Les sanctions administratives prévues par les textes régissant les autres formes d'association se rattachent à trois types, que nous allons successivement examiner.

1. La suspension provisoire de l'activité de l'association

La suspension de l'activité d'une association est une décision d'urgence qui intervient principalement en tant que sanction des infractions aux mesures de police politique ou administrative. En pareille hypothèse, l'administration frappe l'association dans son activité.

Ce type de répression est contenu par exemple dans l'article 13 alinéa 1 de la loi n°90/053 précitée, qui dispose que le ministre de l'Administration territoriale peut, sur proposition motivée du préfet,

---

[224]. V. **Etienne Fréjus TCHANA**, « David MAYEBI, Vice-président de la FECAFOOT, révoqué », 24/08/2012, http://www.journalducameroun.com/article.
[225]. V. copie de cette décision fournie en annexes.

suspendre par arrêté, pour un délai maximum de trois mois, l'activité de toute association, pour troubles à l'ordre public.

De même, le ministre de l'Administration territoriale peut d'office, par décision motivée et pour la même durée, suspendre l'activité de tout parti politique responsable de troubles graves à l'ordre public.

Ce type de sanctions paraît être bien adapté aux associations qui sont ainsi punies par là où elles ont péché. Sur ce point, elle se distingue de l'annulation du certificat d'enregistrement.

2. L'annulation du certificat d'enregistrement

Le fonctionnement illégal d'un syndicat[226] peut justifier l'annulation de son enregistrement par le greffier des syndicats qui, faut-il le rappeler, est un fonctionnaire nommé par décret. Cette fonction est actuellement exercée par le Secrétaire général du ministère du Travail et de la Prévoyance sociale.

Cette sanction est particulièrement grave car elle fait cesser totalement l'activité du syndicat; ce qui équivaut à une condamnation à la peine de mort.

En pratique, cette annulation se traduit par la disparition de l'acte en cause. Effacé de l'ordonnancement juridique, l'acte n'est plus susceptible d'aucun effet de droit et, ce de manière définitive. Toutefois, elle ne fait disparaître l'acte que pour l'avenir seulement. Les effets régulièrement réalisés continuent de subsister. L'annulation du certificat d'enregistrement correspond donc à l'abrogation non rétroactive d'une forme d'autorisation

---

[226] Voir en ce sens l'article 13 du Code du travail précité. Il est toutefois à noter que l'article 4 de la Convention de l'OIT précitée dispose que les organisations de travailleurs et d'employeurs ne sont pas sujettes à dissolution ou à suspension par voie administrative; l'article 6 étend cette garantie aux fédérations et confédérations. Les mesures administratives de cet ordre constituant une des formes les plus extrêmes d'ingérence des autorités publiques dans les activités des organisations, puisqu'elles mettent fin à l'exercice des activités syndicales, la commission est très attentive en ce qui concerne les conditions permettant de conclure qu'une dissolution ou une suspension (ou toute mesure ayant les mêmes effets dans la pratique) ne porte pas atteinte aux garanties prévues par la Convention. En ce sens, V. **Liberté syndicale et négociation collective**, ouvrage précité, p.34.

Cette faculté, ainsi qu'a pu l'écrire le professeur MODERNE[227], « *contribue à renforcer la surveillance administrative après la délivrance de l'agrément, en laissant planer sur son bénéficiaire une menace permanente* ». Son effet est identique à celui de la dissolution.

3. La dissolution de l'association

La dissolution est une sanction très rigoureuse; car elle met en cause la vie même de l'association. À travers cette mesure, le législateur a voulu donner à l'autorité administrative la possibilité de supprimer une association dont l'existence se révèle nocive, compte tenu de la gravité de la faute qu'elle a commise. Cette sanction tend d'ailleurs à être de plus en plus fréquente dans les textes.

Ainsi, le ministre de l'Administration territoriale peut, par arrêté, dissoudre toute association qui s'écarte de son objet et dont les activités portent gravement atteinte à l'ordre public et à la sécurité de l'État[228].

De même, toute association religieuse dûment autorisée dont l'objet initial est par la suite dévié peut être dissoute par décret du président de la République après préavis de deux mois resté sans effet[229].

Cette mesure est grave non seulement parce qu'elle aboutit à la suppression de l'association mais aussi, et surtout, parce qu'elle fait supporter à ce groupement à but non lucratif la conséquence des fautes de ses responsables qui agissent pour son compte. C'est pourquoi des garanties importantes entourent le pouvoir de sanction de l'administration, pour éviter qu'il ne soit arbitraire.

Paragraphe II. La soumission des sanctions administratives et disciplinaires à un régime protecteur

Les textes soumettent la validité des sanctions infligées au respect strict de certaines règles de forme et de procédure (**A**). Par ailleurs, dans le nouveau *Cameroun politique*, on note un regain de vitalité du contrôle juridictionnel des sanctions prises à l'encontre des associations (**B**).

---

[227] **F. MODERNE, « Le retrait de l'agrément administratif nécessaire à l'exercice d'une profession ; quelques observations sur les pouvoirs de l'administration et les droits des professionnels, C.E. 25/7/1975 »**, *Droit social*, 11/11/1976, p. 458.
[228] Article 13 alinéa 2 de la loi n° 90/053 sur les associations. Il en est de même des partis politiques. Cf. article 18 alinéa 2 de la loi n° 90/056. En cas de dissolution d'un parti par le ministre de l'Administration territoriale, celui-ci saisit le Tribunal de première instance pour sa liquidation.
[229] Article 31 de la loi n° 90/053.

A. Les garanties de forme et de procédure entourant l'application des sanctions

Afin de prévenir autant que faire se peut des mesures abusives, les décisions des autorités administratives et des instances disciplinaires des fédérations sportives nationales portant sanctions administratives ou disciplinaires doivent être motivées, c'est-à-dire énoncer les raisons de droit et de fait pour lesquelles elles sont prises.

Cette exception au principe du caractère facultatif de la motivation des décisions administratives a été consacrée, non seulement par les textes, mais aussi et surtout par le juge administratif dans l'espèce MBARGA Raphaël en ces termes : « *attendu que doivent être motivées les décisions à portée individuelle qui infligent une sanction, retirent ou abrogent une décision créatrice de droit* »[230].

Dans tous les cas où la motivation est obligatoire, elle doit être suffisante. « *Pour qu'une décision soit suffisamment motivée, il faut (...) que ses mentions permettent de connaître ce qui l'a déterminée* »[231].

Pour qu'il en soit ainsi, la motivation doit :

- *d'une part, être directement incluse dans la décision*. Elle ne peut consister en une simple référence à un avis. Il faut que la décision s'approprie cet avis et incorpore en conséquence son texte. Cette exigence se trouve particulièrement soulignée dans l'affaire Dame BINAM, née NGO NJOM Fidèle, objet du jugement n°12 du 28 janvier 1982 : « *attendu que (...) la motivation par référence, ce qui n'est pas le cas de l'espèce, est illégale* ».

La position du juge administratif sur ce point est désormais claire et bien établie. Ainsi, la décision MBARGA Raphaël précitée réaffirme que « *ni le simple rappel des termes de la loi sur la base de laquelle est pris l'acte, ni le renvoi à un avis, même conforme, ne sont suffisants pour le motiver* » ;

- *d'autre part, être précise et explicite*. La motivation doit ainsi être écrite et fournir les moyens au destinataire de l'acte de connaître et, éventuellement, de discuter les motifs de la sanction.

---

[230]. C.S/CA, jugement n°73 du 29 juin 1989, MBARGA Raphaël.
[231]. R. ODENT, « Conclusions sur C.E., 5 avril 1946, Daupeyroux et autres », S. 1946, III, 21.

En outre, en droit administratif général, « *...lorsqu'une décision administrative prend le caractère d'une sanction et qu'elle porte une atteinte assez grave à une situation individuelle, la jurisprudence exige que l'intéressé ait été mis en mesure de discuter les motifs de la mesure qui le frappe* »[232].

C'est la garantie que l'administration décidera en connaissant tous les éléments du problème et que l'administré pourra se défendre contre une mesure hâtive ou malveillante. Tout manquement à ce principe dit des droits de la défense est impitoyablement censuré par le juge administratif, qui annule la sanction en cause comme étant intervenue sur une procédure irrégulière

Dans l'affaire OBAME ETEME Joseph[233], par exemple, objet du jugement du 27 janvier 1970, la défunte Cour fédérale de justice avait annulé un arrêté préfectoral du 3 juin 1967 interdisant au requérant de paraitre et de séjourner dans l'étendue du département du NTEM, au motif qu'« *une sanction telle que celle qui a frappé le requérant ne pouvait légalement intervenir sans que ce dernier eût été à même de discuter les griefs articulés contre lui; qu'ainsi, le Sieur OBAME ETEME n'ayant pas été préalablement invité à présenter ses moyens de défense, l'arrêté attaqué a été pris en violation du principe des droits de la défense et qu'il est de ce point de vue entaché d'excès de pouvoir* ».

Cette solution a été consacrée en des termes aussi explicites dans le jugement n°38 du 30 mars 1995, NYAM Charles contre État du Cameroun (MINESUP)[234] où le juge de l'espèce a souligné que la violation de ce principe « *constitue incontestablement une cause d'annulation de la sanction disciplinaire* ».

Elle a été réaffirmée dans le jugement du 25 août 2004, IKAMOU à KOUNG Jean Paul c/État du Cameroun (MINFIB), dans des termes qui se veulent fermes et pédagogiques : « *attendu qu'il ressort des mentions*

---

[232] V. **Conclusions CHENOT sur C.E., 5 mai 1944, Dame Veuve TROMPIER-GRAVIER,** D. 1945, 110, Note De SOTO.
[233] **CFJ/CAY, jugement du 27 janvier 1970, OBAME ETEME Joseph** contre État du Cameroun ; décision reproduite avec commentaire dans, **François MBOME, Grands Arrêts de la jurisprudence administrative du Cameroun**, Yaoundé, 1990.
[234] V. **C. KEUTCHA TCHAPNGA, « La protection des droits des étudiants par le juge administratif : note sous Cour Suprême du Cameroun, Chambre Administrative, Jugement n°38 du 30 mars 1995, NYAM Charles contre État du Cameroun (MINESUP) »,** *Juridis Périodique* n°37, janvier-février-mars 1999, pp.14-20.

ci-dessus que le Ministre des Finances ne s'est pas limité à prendre des mesures conservatoires à l'encontre du recourant mais lui a infligé des sanctions définitives; attendu cependant que suivant sa correspondance n°772/BC du 28 mai 1980, le Ministre des Finances a infligé les sanctions sus évoquées sans donner la possibilité au recourant de s'expliquer devant le Conseil de Discipline Budgétaire et Comptable qu'il a lui-même saisi pour connaître du cas; que ce faisant le Ministre n'a pas respecté les droits de la défense; qu'il s'ensuit que l'arrêté attaqué encourt annulation pour excès de pouvoir » [235].

Le principe « *non bis in idem* » s'applique par ailleurs en matière de sanctions administratives et disciplinaires. Il signifie qu'une même faute ne peut provoquer plusieurs sanctions différentes. En d'autres termes, l'autorité compétente ne peut prononcer à l'encontre d'un sujet de contrôle plusieurs sanctions, simultanées ou successives, à raison d'un même fait[236].

Toutefois, ce principe, qui s'impose à l'administration « *même en l'absence de texte* », ne s'oppose pas à ce que l'intéressé puisse être à la fois l'objet d'une poursuite pénale et d'une poursuite disciplinaire ou administrative. De même, une nouvelle sanction résultant de la même faute est légale lorsque le juge administratif n'a annulé la première que pour vice de forme et non quant au fond.

Enfin, la règle, inspirée du droit pénal, de l'inexistence des peines non prévues par les textes a été transposée en droit administratif par la jurisprudence[237]. Elle signifie qu'il n'y a pas de sanction sans texte et qu'il n'y a pas de sanction au-delà du texte.

Les exceptions à l'application des principes de motivation, du contradictoire, de consultation obligatoire, du non-cumul des sanctions et

---

[235] Il est important de souligner que cette solution a connu une évolution. Le juge administratif a étendu le domaine des droits de la défense à toute mesure qui « *porte une atteinte assez grave à une situation individuelle (...) même si ladite mesure ne constitue pas une mesure disciplinaire* ». Cf. **CS/CA, jugement n°54 du 29 août 2002 MAMA Biloa Sandrine** contre État du Cameroun, 33ᵉ et 34ᵉ rôle.
[236]. Le juge a appliqué ce principe, en matière disciplinaire, dans l'**arrêt n°120 du 8 décembre 1970, BILAE Jean contre État fédéré du Cameroun Oriental.**
[237]. En ce sens voir, par exemple, l'**arrêt n°14 du 19 mars 1969, MOUKOKO James Emmanuel contre État du Cameroun** : « *attendu que l'administration apprécie souverainement la sanction à prendre dans le cadre de l'échelle des peines prévues par les textes... qu'en l'espèce, elle pouvait légalement prononcer la révocation, cette sanction figurant à l'échelle des peines fixées par le statut de la fonction publique* ».

de l'inexistence de sanctions non prévues par les textes sont relativement rares et leur violation est susceptible d'entraîner l'annulation juridictionnelle de la sanction, suivie éventuellement d'une indemnisation.

B. Le contentieux juridictionnel des sanctions administratives et disciplinaires

La justice moderne, s'interroge à juste titre le professeur Gérard CONAC, « *peut-elle être comprise et acceptée, par exemple, si les Tribunaux invoquent systématiquement à l'encontre des plaideurs le dépassement des délais ou leur opposent l'absence d'un recours gracieux préalable ou, si ce recours ayant bien été formé, le déclarent irrecevable parce qu'adressé à une autorité incompétente ?* » Certes, poursuit-il, «*un maniement habile des règles de procédure peut garantir le confort du juge en lui évitant d'avoir à trancher des cas parfois délicats. Mais ces refus fondés sur des règles formalistes sont le plus souvent ressentis comme des dénis de justice* »[238]. Ils expliquent en partie pourquoi, jadis, les justiciables africains étaient très éloignés des institutions incarnant la justice étatique[239].

C'est la raison pour laquelle, consciente du rôle éminemment positif que doit jouer le juge dans la construction de l'État de droit, et à la faveur du renouveau démocratique en Afrique, la doctrine est unanime à reconnaître qu'il faut que l'accès du prétoire soit relativement aisé pour les justiciables[240] ; car ainsi que l'avait écrit Jean RIVERO, « *la justice est un service public donc la raison d'être est l'usager* »[241].

Répondant en partie aux attentes de la doctrine et aux aspirations des citoyens, le législateur camerounais a pris, dans le contentieux juridictionnel de la liberté d'association, diverses mesures relatives à la non exigence du recours gracieux préalable à la saisine du juge, à la réduction des délais de saisine du juge, à la limitation de la durée de

---

[238] **Gérard CONAC, « Le juge et la construction de l'État de droit en Afrique », Mélanges G. BRAIBANT,** Paris, Dalloz, 1997, pp.105-199, notamment pp.116-117.

[239] Ce constat a été fait par plusieurs auteurs : voir, en ce sens, notamment **Jean Du Bois DE GAUDUSSON, « Le statut de la justice dans les États d'Afrique francophone »,** in La justice en Afrique, *Afrique contemporaine* n°156 (spécial), La Documentation Française, 1990, pp. 6-12, p.11.

[240] G. CONAC, « Le juge et la construction de l'État de droit », précité, pp.116-117,

[241] **J. RIVERO, « Sanction juridictionnelle et règle de droit », Mélanges Julliot De La MORANDIERE,** Paris, Dalloz, 1964, p.457.

l'instance contentieuse en premier ressort. Cette nouvelle forme de contentieux de l'urgence [242], qui s'achève par l'édiction de mesures définitives appelées ordonnances, tient également sa spécialité à la constitution de l'organe de juridiction : c'est, en principe, un juge unique qui statue[243].

Les efforts qui président à ces nouveautés laissent toutefois perplexe l'observateur; car si elles assurent, du moins théoriquement, la célérité d'intervention de la décision du juge unique en premier ressort, on se demande en quoi elles seront vraiment de nature à simplifier les conditions de fonctionnent de la justice administrative, puisque les mesures législatives visant à améliorer la rapidité de traitement du contentieux des associations ne sont pas applicables au niveau du juge administratif de second degré.

Quoi qu'il en soit, les sanctions administratives et disciplinaires peuvent donner lieu à un double contentieux juridictionnel : un contentieux de l'excès de pouvoir ou de l'annulation **(1)** et un contentieux de la réparation du préjudice causé par les sanctions illégales **(2)**.

1. Le contentieux de l'annulation des sanctions pour excès de pouvoir

Le recours pour excès de pouvoir permet à une personne physique ou morale d'obtenir du juge administratif l'annulation, avec effet rétroactif, d'un acte administratif unilatéral méconnaissant les éléments du bloc de la légalité s'imposant à son auteur. Il constitue l'instrument privilégié d'une toilette constante de l'ordonnancement juridique, surtout si l'on songe que l'acte ainsi annulé est censé n'avoir jamais existé.

---

[242] Ce contentieux spécial de l'urgence s'oppose au contentieux de l'urgence accessoire. Le droit du contentieux administratif camerounais a consacré, on le sait, deux procédures d'urgence accessoires, à savoir le sursis à exécution et le référé administratif.

[243] À titre d'exemple, l'article 13 de la loi n°90/053 du 19 décembre 1990 portant liberté d'association dispose que les actes portant suspension ou dissolution d'une association sont susceptibles de recours devant « *le Président de la juridiction administrative* » qui « *statue par ordonnance (...)* ». Dans le même sens, l'article 8 alinéa 3 de la loi n°90/056 relative aux partis politiques énonce que le refus d'autorisation d'un parti politique est susceptible de recours devant « *le Président de la juridiction administrative* » qui « *statue par ordonnance* ».

En matière d'association, le juge administratif, saisi à la suite d'un recours pour excès de pouvoir, protège avec la même intransigeance les droits des particuliers et ceux de l'État.

Dans l'affaire Église presbytérienne camerounaise contre État du Cameroun [244], il a annulé un arrêté du gouverneur de la province (aujourd'hui région) du Centre en date du 26 octobre 1994, portant interdiction, dans son ressort territorial, des réunions de l'assemblée générale, du conseil général et de la commission juridique de cette Eglise, au motif que seul le ministre de l'Administration territoriale était habilité à prendre des mesures de sanction à l'égard d'une association.

Il s'ensuit, a-t-il précisé à cette occasion, « *que le Gouverneur de la province du Centre est matériellement incompétent pour suspendre l'activité d'une association ou en ordonner la dissolution ou encore moins l'interdiction de ladite association* ».

Toutefois, il n'hésite pas à faire prévaloir l'intérêt public lorsque les particuliers risquent de faire un usage inconsidéré de leurs libertés.

L'espèce Organisation camerounaise des droits de l'homme (OCDH) contre État du Cameroun, objet de l'ordonnance n°19 rendue par le président de la Chambre administrative le 26 septembre 1991 traduit, en premier lieu, la fermeté du juge à contraindre l'association requérante au strict respect de la loi.

Une brève indication des faits de l'espèce n'est pas inutile à la bonne compréhension de l'affaire.

Conformément à l'article 13 de la loi n°90/53 du 19 décembre 1990 sur la liberté d'association, l'OCDH avait saisi la juridiction administrative d'un recours tendant à ce que son président annule l'arrêté n°201/A/MINAT/DAP/SDLP du 13 juillet 1991 pris par le ministre de l'Administration territoriale et portant dissolution de certaines associations parmi lesquelles elle figurait.

Tous les moyens d'annulation soulevés par l'association demanderesse avaient alors été discutés et tranchés ainsi qu'il suit :

-- Sur le moyen de la violation des droits de la défense

L'OCDH avait tout d'abord prétendu qu'elle n'avait pas été invitée à s'expliquer sur les faits qui lui étaient reprochés, préalablement à la prise de la sanction administrative.

---

[244] **C.S./P.CA.**, ordonnance n° 06 du 1er novembre 1994.

Le juge de l'espèce considéra ce moyen tiré de la violation des droits de la défense comme étant non fondé car, avait-elle dit en substance, « *la loi du 19 décembre 1990 ne prévoit aucune procédure préalable à l'intervention de l'arrêté de dissolution; quand bien même elle serait prévue, le juge estime qu'il peut être amené à trouver, dans les circonstances particulières de l'affaire, des motifs de rejeter le moyen tiré de l'irrégularité de la procédure quand il ressort du dossier, comme en l'espèce, que la prétendue irrégularité est sans influence sur le sens de la décision, alors surtout que le but visé par le législateur (respect de l'ordre public) a été atteint en fait, et ce en référence à la jurisprudence administrative du Conseil d'État du 4 juillet 1952, DECHARME, Rec. p. 362* ».

-- Sur la violation de la forme de l'acte de dissolution

L'arrêté contesté concernant plusieurs associations, l'OCDH estimait que le Ministre aurait dû prendre un arrêté de dissolution pour chaque association concernée.

Contrairement à cette argumentation, le juge estima que « *l'acte du Ministre demeure individuel quoique collectif et régulièrement pris puisqu'il désigne nominativement des personnes juridiques* ».

-- Sur la violation des règles de publicité

L'OCDH arguait que l'arrêté ministériel ne lui avait jamais été notifié et que, si elle avait été mise au courant de son contenu, c'était à la suite de démarches déplorables effectuées dans des conditions obscures et par la lecture de ladite décision par voie des ondes.

Pour toute réponse, le président de la Chambre administrative, juge unique en pareille circonstance[245], précisa que « *nonobstant la manière de connaissance effective de la décision (...) une jurisprudence française (la considère) comme valable lorsque l'intéressé en a simplement entendu la lecture (C.E., 02 mai 1945, (BEAUVALLET)* ».

Il s'agissait là d'une véritable innovation jurisprudentielle.

---

[245] Sur le juge unique dans le contentieux des libertés publiques, voir **C. KEUTCHA TCHAPNGA et Barthélémy TEUBOU**, « **Réflexions sur l'apport du législateur camerounais à l'évolution de la procédure administrative contentieuse de 1990 à 1997** », *Revue Internationale de Droit Africain*, EDJA, Dakar, n°45, avril-mai-juin 2000, pages 61-75.

On sait, en effet, que le juge administratif avait précisé, dans un arrêt n°636, il est vrai ancien, du 10 août 1957, NDJOCK Jean contre État du Cameroun, que « *la notification est la remise à l'intéressé de la copie in extenso de la pièce à notifier ou tout au moins d'un écrit contenant tous les éléments nécessaires pour lui permettre de se faire un compte exact de la mesure prise à son égard, ainsi que des motifs pour lesquels elle a été prise* ».

Les éléments caractéristiques de cette définition qui date de l'époque du conseil du contentieux administratif, parfois perçu comme « *l'incarnation de la juridiction administrative coloniale* »[246], ont été rappelés dans de nombreuses décisions par le juge national.

Ainsi, par exemple, dans l'arrêt n°14 du 24 mars 1983, ATANGANA ESSOMBA Protais contre État du Cameroun, l'assemblée plénière de la Cour suprême avait tenu à souligner que l'impératif de la notification officielle de l'acte individuel à l'intéressé « *ne saurait être remplacé par le fait que celui-ci ait eu connaissance en fait de la décision* ».

Le raisonnement était identique dans un arrêt NJIKIAKAM TOWA Maurice, rendu le même jour que l'espèce ATANGANA ESSOMBA. En réponse à l'argumentation de l'État suivant laquelle « *bien que la recherche d'une trace écrite de cette notification soit demeurée infructueuse jusqu'à ce jour, il y a tout lieu de considérer que M. NJIKIAKAM a bien eu connaissance officieusement de sa nomination à Bertoua et que cette connaissance (...) vaut notification* », la Haute assemblée a décide que « *l'acte d'affectation devait être officiellement porté (...) à la connaissance de NJIKIAKAM TOWA* ».

Annotant cet arrêt, le doyen Maurice KAMTO, sur ce dernier point du raisonnement de la Cour, avait alors pu en déduire que «*cette précision est précieuse dans un système juridique qui, comme le nôtre, reste marqué par l'oralité, survivance d'une tradition séculaire, mais aussi indice du sous-développement de notre droit autant que notre administration* »[247].

L'évolution de la jurisprudence s'était donc effectuée dans le sens de l'adoption d'une conception restrictive des modalités techniques de la notification des décisions individuelles. Aussi pouvait-on logiquement

---

[246] Cf. **Jean-Calvin ABA'A OYONO,** Thèse précitée, p.122.
[247] **M. KAMTO, « Note sous Cour Suprême, Assemblée Plénière, arrêt du 24 mars 1983, NJIKIAKAM TOWA Maurice »,** Recueil *Penant* 1985, pp. 347-361, p. 355.

croire le juge définitivement fixé sur ce point. On se serait trompé, car il a été amené à assouplir, dans une certaine mesure, cette solution.

Déjà perceptible dans l'affaire WAMBE SANGO CHOAKE, révélée par le jugement de la Chambre administrative de la Cour suprême du 27 janvier 1983[248], l'innovation apparaît de manière explicite dans l'espèce Organisation camerounaise des droits de l'homme (OCDH).

Il n'est pas inutile de relever que le juge administratif camerounais ne rate pas, très souvent, l'occasion de se souvenir de ses origines. Ce qui explique cette tendance à se référer très souvent à la jurisprudence du prestigieux Conseil d'État français dans le corps même de ses décisions, comme c'est encore le cas dans l'espèce OCDH contre État du Cameroun.

Sans doute n'y a-t-il pas de raison de s'émouvoir parce que le juge national cherche son inspiration dans le droit comparé.

Ainsi que l'a souligné le professeur CONAC, « *comme il est loisible qu'un ingénieur ne refuse pas de faire bénéficier ses compatriotes des technologies qu'il a apprises à l'étranger, on attend d'un juge professionnel qu'il sache exploiter sa culture juridique pour faire progresser le droit de son propre pays. A lui d'être sélectif pour ne pas introduire ainsi dans sa jurisprudence des éléments exogènes inassimilables. A lui d'interpréter les principes importés de façon qu'ils soient adaptés au contexte culturel et au niveau de développement économique des sociétés locales* »[249].

Le problème est donc de savoir si cette norme importée fournissait, en l'espèce, la solution adéquate au système juridique local. Certes, des raisons qui pourraient conduire à trouver la solution dégagée par le juge

---

[248] Dans cette affaire, sans se prononcer explicitement sur le moyen soulevé par un requérant suivant lequel « le message-radio n'est pas un acte administratif », le juge a admis la recevabilité du recours du Sieur WAMBE SANGO CHOAKE en service à la sous-préfecture de Mélong, contre le message-radio n°340/MR/PLI/SG/DAJ/PASD du 26 septembre 1979 du gouverneur du Littoral, répercutant un autre message-radio du ministre de l'Administration territoriale n°11272/MINAT/D.G./S/P/ du 11 septembre 1979 portant révocation de l'intéressé. Ce faisant, il a admis implicitement que le message-radio a valeur d'acte administratif et qu'il pouvait, logiquement, être considéré comme un moyen de notification des actes administratifs. Longtemps considérée comme un cas isolé, la décision WAMBE SANGO CHOAKE a été confirmée explicitement par la jurisprudence Organisation camerounaise des droits de l'homme.
[249] **Gérard CONAC, « Le juge et la construction de l'État de droit en Afrique francophone », Mélanges G. BRAIBANT**, Paris, Dalloz, 1997, pp. 105-119, p. 113.

de l'affaire OCDH nécessaire existaient. Elles étaient dictées par un certain réalisme.

À cet égard, il est important de rappeler le contexte très particulier dans lequel s'est déroulée l'affaire OCDH contre État du Cameroun pour mieux comprendre la position du juge de l'espèce.

Cette affaire a eu lieu en 1991, c'est-à-dire au moment où le Cameroun venait à peine d'être entraîné dans le cours de l'extraordinaire révolution démocratique qui a marqué la fin du XXe siècle. Les passions politiques s'exacerbaient, l'ordre public était sans cesse plus menacé et les libertés publiques, récemment proclamées, davantage limitées.

Pendant cette période, le juge administratif ne s'est pas seulement comporté comme un protecteur des citoyens contre l'arbitraire administratif. Il s'est souvent imposé comme le défenseur des prérogatives de l'administration, n'hésitant pas à faire prévaloir l'intérêt public, la sécurité de l'État et même celle du régime en place lorsque les particuliers risquaient de faire un usage inconsidéré de leurs libertés.

Il n'est donc pas douteux que la solution de l'espèce OCDH ne soit point favorable aux justiciables. La faute en revient au juge administratif camerounais qui, cédant à l'air du temps, a cru bon assouplir la jurisprudence MBARGA Symphorien[250] qui commençait déjà à bien fixer les particuliers.

-- Sur le moyen du détournement de pouvoir

L'OCDH soutenait enfin que la mesure ministérielle avait été émise en violation des conditions susceptibles d'entraîner la dissolution d'une association, imposées par l'article 13 alinéa 2 de la loi n°90-53, qui prévoit que *le Ministre peut dissoudre toute association qui s'écarte de son objet et dont les activités portent gravement atteinte à l'ordre public et à la sécurité de l'État.*

Sur ce point de droit assez délicat à apprécier, le juge administratif a, logiquement, mis en relief, dans deux considérants qu'il importe de citer, son souci ferme de contraindre l'association requérante, qui sollicitait l'annulation de sa dissolution, au respect de la loi.

---

[250] En ce sens, lire **C. KEUTCHA TCHAPNGA** et **Célestin SIETCHOUA**, « **Aspects nouveaux de la notification des normes administratives individuelles : note sous Cour Suprême, Chambre Administrative, Jugement n°29 du 3 mai 1990, MBARGA Symphorien contre État du Cameroun** », *Revue Électronique des Droits et des Institutions d'Afrique*, Bordeaux, n°01, novembre 2000.

« *En s'associant, a-t-il précisé, au sein de la "coordination des partis politiques d'opposition et associations", aux partis politiques dont le but est la conquête du pouvoir, l'O.C.D.H., organisme qui se veut défenseur des droits de l'homme, donc en principe apolitique, s'est écartée de son objet humanitaire* ».

En conséquence, « *sa participation à ladite "coordination", dont les mots d'ordre sont "villes mortes" et "désobéissance civile", slogans qui par leur évocation même ne peuvent que troubler l'ordre public, voire porter atteinte à la sécurité de l'État, dénote la volonté manifeste de l'O.C.D.H. de violer la loi susvisée* ».

Il a d'ailleurs adopté la même attitude dans une espèce presque similaire, Comité d'action populaire pour la liberté et la démocratie (C.A.P.-LIBERTE) contre État du Cameroun[251], elle-même dissoute par l'arrêté ministériel précité.

Mais cette seconde espèce présente deux particularités qui fondent ainsi la spécificité de la décision rendue.

D'une part, contrairement à l'affaire OCDH, l'association requérante CAP-LIBERTE avoue avoir été notifiée de l'arrêté litigieux en date du 30 août 1991. Ce qui lui permet assez aisément « *de se faire un compte exact de la mesure prise à son égard, ainsi que des motifs pour lesquels elle a été prise* », d'après la formule empruntée à la jurisprudence NDJOCK Jean précitée.

La motivation de l'acte par le Ministre consiste dans la « *participation avérée à des activités non conformes à leur objet statutaire et troubles graves portant atteinte à l'ordre public et à la sécurité de l'État* ». Et, c'est justement le contenu de cette motivation que le requérant CAP-LIBERTE conteste devant le juge pour espérer obtenir l'annulation de la mesure de dissolution.

-- **Sur** *la participation à des activités ... non conformes à son objet statutaire*, CAP-LIBERTE souligne le flou qui persiste dans l'indétermination de ses activités susceptibles d'être considérées comme parallèles à son objet. Étant entendu que le simple fait, comme il est mentionné dans l'arrêt attaqué, « *d'avoir pris part aux travaux de la coordination des partis politiques d'opposition et associations* », n'établit

---

[251] **Ordonnance du 26 septembre 1991, Comité d'action populaire pour la liberté et la démocratie (CAP-LIBERTE)** c/État du Cameroun (MINAT), suite au recours n° 518/90-91 du 5 septembre 1991.

pas *ipso facto* que CAP-LIBERTE s'est écarté de son objet statutaire. Et qu'enfin, le cadre dans lequel une association humanitaire entend mener son action ne peut être fixé par le Ministre.

-- Sur *le motif de troubles graves ... portant atteinte à l'ordre public et à la sécurité de l'État*, CAP-LIBERTE estime qu'il n'y a pas lieu de considérer la mesure ministérielle en raison de l'absence de faits bien établis à son encontre pouvant s'apparenter à de graves atteintes à l'ordre public et à la sécurité de l'État ; qu'en conséquence, cet arrêté doit être annulé par ordonnance comme le prévoit la législation spécifique à ce type de contentieux, en l'occurrence la loi du 19 décembre 1990.

Au-delà d'une argumentation apparemment séduisante développée par le plaignant, sa requête introductive d'instance présentait une certaine forme d'anomalie contentieuse que constitue la seconde particularité de cette espèce.

En effet, aucun motif d'annulation n'était ici juridiquement précisé par CAP-LIBERTE, contrairement à la stratégie menée par l'OCDH qui, rappelons-le, avait invoqué quatre moyens juridiques bien distincts. Une telle carence conduit tout naturellement le juge administratif à faire appel à son pouvoir d'interprétation de la demande en justice dans l'intérêt du justiciable.

S'inspirant de sa décision prise à propos de l'affaire OCDH, le juge national estima utile de faire intervenir le motif de détournement de pouvoir. Mais sur le fond, il rejette la demande d'annulation de CAP-LIBERTE dans des termes identiques à ceux de sa précédente décision sur l'affaire OCDH.

Si l'on considère maintenant l'hypothèse du fonctionnement du parti politique après sa légalisation, l'exercice quotidien de la liberté partisane qui en découle peut éventuellement donner lieu à un contentieux devant le juge administratif. Il s'agit, plus précisément, des sanctions administratives qui pourraient être prises à l'encontre du parti en cause dans les conditions prévues aux articles 17 et 18 de la loi de 1990. À notre connaissance, de telles décisions n'ayant jamais été prises jusqu'à ce jour, la juridiction administrative n'a, par conséquent, pas eu l'occasion de développer le contentieux juridictionnel qui s'y attache.

Toutefois, comme on l'a fait valoir avec clairvoyance, on peut expliquer la léthargie du contentieux juridictionnel des sanctions prises à l'encontre de partis politiques par l'attitude complaisante du ministre habilité à agir à cet effet. Pour peu que l'on se souvienne de la décision ministérielle portant dissolution des associations des droits de l'Homme OCDH et CAP-LIBERTE pour atteintes à l'ordre public et à la sécurité de l'État, il y a véritablement lieu de penser que de tels motifs auraient tout aussi bien pu fonder la prise de sanctions à l'encontre des partis politiques qui avaient collaboré avec elles dans les dramatiques opérations « *villes mortes* » et « *désobéissance civile* ». Ce qui, par voie de conséquence, aurait éventuellement favorisé la saisine de la juridiction administrative.

Bien plus, on sait, par exemple, que le parti politique *Social Democratic Front* (SDF), ainsi que ceux qui étaient dans sa mouvance dans la « *coordination des partis politiques d'opposition* » étaient réputés bafouer la norme constitutionnelle qui fait pourtant obligation aux partis politiques de « *respecter les principes de la démocratie, de la souveraineté et de l'unité nationales* »[252]. Le refus manifeste de participer à l'élection législative de mars 1992, la volonté de se prévaloir de sa propre turpitude en exigeant intempestivement la réorganisation de nouvelles élections et les incessantes revendications sécessionnistes n'étaient-ils pas des preuves du mépris de la juridicité qui auraient permis au ministre de l'Administration du territoire de sanctionner le SDF ? Plutôt que de dissoudre seulement ladite « *coordination* » comme il le fit, le Ministre était, à plus d'un titre, juridiquement fondé à dissoudre ou, tout au moins, à suspendre le parti politique concerné[253].

Il est, enfin, important de noter qu'au Cameroun, le contentieux juridictionnel de la liberté d'association religieuse est fort rare. À ce jour, le juge administratif a eu à trancher trois affaires ayant trait directement à la liberté de religion. Dans deux cas se rapportant à un même objet, à savoir les affaires Eitel MOUELLE KOULA et Daniel Roger NANA TCHANA contre République fédérale du Cameroun[254], qui seuls vont retenir l'attention ici[255], il a rejeté les recours des intéressés en estimant qu'ils n'étaient pas fondés.

---

[252] Article 3, paragraphe 1 de la Constitution du 2 juin 1972.
[253] Cf. **J. C. ABA'A OYONO,** Thèse précitée, p.122.
[254] **CFJ/SCAY, arrêt n°178 du 25 mars 1972, Eitel MOUELE KOULA** contre République Fédérale du Cameroun et **CFJ/SCAY, arrêt n°194 du 25 mai 1972, NANA TCHANA Daniel Roge**r contre République Fédérale du Cameroun.
[255]. Dans le troisième cas, qui avait trait au conflit interne à une association religieuse, accentué par un arrêté du ministre de l'Administration territoriale, **jugement n°69/93-94 du 30 juin 1994, CS/CA, La Vraie Église de Dieu du Cameroun c/État du**

Enveloppés dans une chronologie en apparence assez complexe, les faits s'avéraient, en réalité, très simples : les requérants contestaient le décret présidentiel du 13 mai 1970[256] constatant la dissolution de la secte des Témoins de Jéhovah[257]. Ils soutenaient, à l'appui de leurs requêtes, que le décret en cause était pris en violation du paragraphe 2 de l'article premier de la Constitution de 1961 qui affirmait son attachement aux libertés fondamentales inscrites dans la Déclaration universelle des droits de l'homme de 1948 et que la dissolution de leur mouvement supprimait pour eux toute possibilité et toute liberté d'exercer leur culte et d'adorer leur Dieu.

Ils estimaient, en outre, que cette dissolution s'était faite en violation des articles 9, 32 et 33 de la loi n°67/LF/19 du 12 juin 1967 sur la liberté d'association qui prévoyait que les associations ne pouvaient être dissoutes que par décision de justice et non par une décision

---

Cameroun, le juge administratif a décidé que la requête était non fondée alors qu'il devait, en l'espèce, se déclarer incompétent. En ce sens, V. **B. R. GUIMDO D.**, « **La protection juridictionnelle de la liberté religieuse au Cameroun** », *Revue Droit et Cultures* n°42, 2001/2, pp. 39 et suivantes.

[256] Décret n°70/DF/19 du 13 mai 1970, in Journal Officiel de la République Fédérale du Cameroun, 1970, p. 403.

[257] Ce mouvement religieux professe une doctrine particulière qui l'a mis à plusieurs reprises en conflit avec les autorités de divers pays. Au Cameroun, ses adeptes ont été accusés d'avoir, en avril 1970, fait campagne pour prêcher l'abstention aux élections présidentielles, se mettant ainsi en infraction avec le Code pénal. En France, le Commissaire du gouvernement **Francis DELON**, dans ses « **Conclusions sur Conseil d'État, Assemblée, 1ᵉʳ février 1985, Association chrétienne « Les Témoins de Jéhovah »** », RDP, 1985, p. 485, faisait remarquer, à juste titre, que « *Le mouvement chrétien des Témoins de Jéhovah a été fondé aux États-Unis en 1874 par le presbytérien Charles RUSSEL. Sa pensée se fonde sur une interprétation littérale des écritures et se rattache à la doctrine adventiste, en prévoyant le retour du Christ sur terre à la fin des temps. Il est également millénariste. Au retour sur terre du Messie, les élus qui seront au nombre de 114000 reprendront la vie et règneront avec lui pendant 1000 années avant l'ultime résurrection. Les témoins de Jéhovah refusent de saluer le drapeau des Nations et de faire leur service militaire. Estimant qu'ils appartiennent au royaume de Dieu, ils considèrent qu'ils doivent se consacrer à son service exclusif, dans une neutralité complète vis-à-vis des royaumes de la terre. Leur doctrine leur interdit également d'accepter les transfusions sanguines. Les fidèles du mouvement se livrent, pour célébrer leur croyance, à des pratiques assimilables à un culte. Ils se réunissent cinq fois par semaine, sous la présidence d'un ancien, d'un prédicateur ou d'un ministre du culte pour procéder au commentaire et à l'exégèse de la bible. Ces réunions sont précédées et suivies de prières et de cantiques. D'autre part, les baptêmes et les mariages sont célébrés et des cérémonies spéciales ont lieu pour commémorer l'anniversaire de la mort du Christ* ».

administrative comme c'était le cas en l'espèce. En conséquence, ils sollicitaient du juge de l'espèce l'annulation pour excès de pouvoir dudit décret.

L'État soutenait, de son côté, que les Témoins de Jéhovah n'avaient pas respecté la nouvelle loi sur les associations, adoptée et promulguée en 1967, qui exigeait que toutes les associations existantes déposent de nouveaux dossiers en régularisation dans un délai d'un an, sinon, elles seront réputées dissoutes de plein droit.

Le juge, dans ces deux affaires, ne suivit pas les requérants dans leurs prétentions. Il rejeta ainsi, comme mal fondées, leurs requêtes, en estimant qu'aucune liberté fondamentale proclamée et garantie par la Constitution n'avait été violée et que les exigences procédurales posées par la loi sur la liberté d'association avaient été respectées par le décret querellé.

Il est à noter que cette association avait été légalisée en 1962. Elle existait donc en droit depuis cette date jusqu'au jour où sa dissolution a été constatée par l'administration. En outre, ce mouvement avait déposé la déclaration exigée par la nouvelle loi auprès des autorités préfectorales du Wouri et en avait obtenu récépissé le 3 octobre 1968, c'est-à-dire quelques semaines après l'expiration du délai prévu. Alors même qu'aucune objection n'avait été faite à l'association lorsqu'elle déposait sa déclaration, on pouvait tout de même s'interroger sur cette sévérité de l'administration, surtout que le décret constatant sa dissolution n'était intervenu que le 13 mai 1970, soit plus un an et demi après et au moment où l'association Témoins de Jéhovah était accusée par l'administration de dévier de son objet initial en intervenant dans le domaine politique.

Saisie en appel par l'un des requérants, le Sieur Eitel MOULLE KOULA, l'assemblée plénière de la Cour suprême a confirmé la décision rendue par le premier juge[258]. En réalité, l'État voulait, en frappant de dissolution l'association Témoins de Jéhovah, prévenir toute velléité de la part des autres groupements religieux de s'occuper de la politique[259].

2. La réparation des préjudices causés par les sanctions illégales

Le principe est constant selon lequel toute sanction administrative ou disciplinaire illégale est de nature à engager la responsabilité de

---

[258] **CS/AP, arrêt n°1 du 9 janvier 1975, Eitel MOUELLE KOULA** contre État du Cameroun.

[259] **François MBOME, « L'État et les églises au Cameroun »,** Thèse de Doctorat d'État en Science Politique, Université de Paris I, 1979, p. 229.

l'institution dont dépend l'autorité qui a pris la sanction en cause. Cette illégalité peut être constatée dans un procès en responsabilité. Elle peut l'être également à l'occasion d'un recours dit de plein contentieux, le requérant adjoignant alors à son recours pour excès de pouvoir une demande d'indemnisation au titre de dommages-intérêts.

Bien que les décisions en la matière soient, à notre connaissance, inexistantes, il ne fait point de doute que les exemples de réparation des préjudices nés d'une sanction illégale qu'offre le contentieux disciplinaire de la fonction publique sont assez généraux pour pouvoir être transposés aux sanctions administratives et disciplinaires prises dans le cadre corporatif.

Il suffit, pour s'en convaincre, de citer un considérant particulièrement précis de l'arrêt du 24 mars 1983, NJIKIAKAM TOWA Maurice contre État du Cameroun[260] : « *La révocation du fonctionnaire NJIKIAKAM TOWA lui a assurément causé un préjudice moral personnel, direct et certain... depuis l'intervention de l'acte attaqué jusqu'au prononcé de la décision de la Cour; depuis l'exécution effective de celle-ci, l'intéressé vit dans l'angoisse, ignorant la suite qui sera réservée à sa requête ainsi que son avenir et celui de sa famille...* ».

L'Assemblée plénière de la Cour suprême, se fondant sur l'illégalité fautive de la révocation prononcée à l'encontre de l'intéressé, lui a alloué des dommages-intérêts pour réparer le préjudice qu'il en a subi.

Paragraphe III. Le caractère largement théorique des sanctions administratives

La fonction de contrôle est une technique d'intervention publique qui a essentiellement pour but de repérer, de corriger et, éventuellement, de sanctionner les écarts enregistrés par rapport aux normes édictées par les pouvoirs publics. De ce point de vue, la situation est loin d'être satisfaisante, car il est rare que les résultats des contrôles effectués entraînent le prononcé des sanctions administratives.

En fait, nul ne conteste plus que la réalisation des objectifs poursuivis par le contrôle du fonctionnement des associations soit très insuffisante : les commentateurs de la presse publique et privée s'accordent à constater le phénomène que, de son côté, les pouvoirs publics ne cherchent plus à

---

[260] V. M. KAMTO, « **Note sous l'arrêt du 24 mars 1983, NJIKIAKAM TOWA Maurice contre État du Cameroun** », précitée, p. 355.

nier. Mais, force est de reconnaître que, de manière générale, pas plus que les politiques ou que la presse, les auteurs n'ont précisé davantage les raisons profondes de cette insuffisance de contrôle. Ces raisons sont plus nombreuses et plus complexes qu'elles peuvent paraître. Mais, on tentera de mettre succinctement en évidence quelques-unes d'entre elles.

Au préalable, que faut-il entendre par insuffisance ? Le terme exprime ici la reconnaissance de ce qui a été déjà bien fait et, en même temps, que ce contrôle pourrait être « *meilleur* » qu'il n'est actuellement. La notion d'insuffisance exprime essentiellement un sentiment d'insatisfaction.

Hormis la stabilité politique que le contrôle de l'État sur les activités des associations a fermement contribué à assurer, en mettant le pays à l'abri du désordre social et de l'instabilité politique, l'efficacité limitée de certains contrôles tient notamment au fait qu'ils sont, soit mal assurés, soit hypothétiques et, très souvent, inadaptés.

C'est ainsi qu'on ne pouvait considérer comme un véritable contrôle celui résultant de l'aide financière apportée aux partis politiques. A cette fin, une commission était instituée par l'article 13 de la loi n°2000/015 du 19 décembre 2000 relative au financement des partis politiques et des campagnes électorales [261]. Cette commission, chargée de contrôler l'utilisation des fonds publics alloués aux partis politiques pour concourir aux dépenses couvrant leurs activités permanentes ou celles consacrées à l'organisation des campagnes électorales, avait vu son organisation, sa composition et ses attributions fixés par le décret du 08 octobre 2001. Elle apparaissait, en réalité, comme une instance inféodée à l'administration, qui n'avait au surplus qu'un rôle essentiellement consultatif.

Il pouvait difficilement en être autrement, car comme l'avait noté à juste titre un spécialiste de la question en France, « *les hommes politiques ne voyant pas toujours d'un œil favorable l'instauration d'un contrôle de leur financement, il est assez logique qu'ils l'aient quelquefois confié à des organes qu'ils jugent peu dangereux. Dans la mesure où ils avaient le choix, ils ont dans certains cas arbitré pour ce qui les gênerait peu* »[262].

---

[261] Il est important de signaler que la loi n°2000/015 du 19 décembre 2000 relative au financement des partis politiques et des campagnes électorales a été abrogée et remplacée (pas de manière substantielle) par les dispositions du Titre XI (article 275 à 287) de la loi n°2012/001 du 19 avril 2012 portant Code électoral.
[262] **Hervé FAUPIN, Le contrôle du financement de la vie politique, partis et campagnes,** Paris, LGDJ, 1998, p. 466.

On ne pouvait que souscrire à ce propos à partir de l'exemple camerounais. La vérification, telle qu'elle était confiée dans une première phase à la commission, souffrait de deux faiblesses majeures : son indépendance, indispensable pour asseoir son autorité, appelait des réserves ; ses pouvoirs étaient en outre très limités.

Certes, confier la charge de contrôler l'emploi des fonds publics alloués aux partis politiques à une commission rattachée à une structure administrative centrale présentait l'avantage de la simplicité et de l'économie des moyens. Il s'agissait en tout cas d'une solution moins compliquée et moins coûteuse que la création, par exemple, d'une instance véritablement autonome comme on aurait pu logiquement le faire. Ce choix modifiait toutefois sensiblement la place de la commission dans l'ordonnancement juridique et politique de l'État et présentait, en définitive, des inconvénients qui pouvaient expliquer pour partie le doute qu'on avait sur son impartialité[263].

Par voie de conséquence se posait, sous l'angle politique notamment, la question de l'indépendance de l'organe de contrôle, dont on se plaît très souvent à rappeler qu'elle est une des garanties de son efficacité. La place de la Commission dans le système politique résultait à la fois des rapports qu'elle allait entreprendre avec les pouvoirs exécutif et législatif et du degré de son indépendance tant à l'égard de l'administration active que des autorités politiques.

Or, la commission de contrôle, comme le précisait d'ailleurs l'article 4 du décret du 8 octobre 2001, était placée auprès de l'administration chargée du Contrôle supérieur de l'État qui, en toute logique, pouvait lui adresser des instructions. Elle avait comme président un représentant de l'administration chargée du Contrôle supérieur de l'État et comme membres un représentant de la Présidence de la République, un représentant des Services du Premier ministre, un représentant du ministère chargé de l'Administration territoriale, un représentant du ministère des Finances, un représentant du ministère chargé de la Justice et quatre représentants du Parlement.

Ces neuf membres de la commission, qui étaient supposés se réunir au moins deux fois par an sur convocation de son président, étaient désignés

---

[263] Pour plus amples informations sur cette commission de contrôle des fonds alloués aux partis politiques, V. **C. KEUTCHA TCHAPNGA, « Le financement des partis politiques et des campagnes électorales au Cameroun. A propos de loi n°2000/015 du 19 décembre 2000 »**, article précité.

par les administrations auxquelles ils appartenaient ou par le Parlement et sa composition était constatée par arrêté du président de la République.

Ainsi conçue, l'indépendance de la commission n'était pas assurée sur le plan organique. Elle ne s'appliquait pas à ses finances qui dépendaient du ministère chargé du Contrôle supérieur de l'État et à son personnel qui n'était pas doté d'un statut le mettant à l'abri des pressions administratives ou politiques.

Cette solution ne nous semblait pas être judicieuse, car il n'existait pas encore au sein des institutions étatiques une tradition de modération et de retenue. Dans ces conditions, les résultats du contrôle ne pouvaient ne pas être directement affectés par la nature des rapports entre les membres de la commission et les détenteurs du pouvoir administratif ou politique. Il était donc à craindre que les membres du courant majoritaire se dispensent de tout commentaire malveillant à l'égard d'un des responsables de leur formation ayant utilisé les fonds destinés au financement du parti à des fins personnelles.

Pourtant, dans le contexte d'alors, l'élévation de la commission en une autorité administrative indépendante, comme c'est le cas en France[264], était vivement souhaitable. On aurait pu également, comme on l'a fait au Bénin[265], confier cette mission à la Chambre des comptes de la Cour suprême. Cette dernière solution présentait notamment l'avantage de confier ainsi à des spécialistes des questions financières et comptables, le soin de vérifier, entre autres missions, l'emploi des fonds publics alloués.

Rien n'interdisait de prévoir, à la limite, que seuls les magistrats, spécialisés dans des questions juridiques - le détournement des fonds publics posant aussi un problème de droit - seraient à même de siéger dans la commission. L'exemple français était fort éclairant à cet égard[266].

---

[264] En ce sens, voir notamment, **Daniel DAUVIGNAC, « La politique investie par le droit ? La Commission Nationale des Comptes de Campagnes et des Financements politiques »**, *Droit et Politique*, CURAPP, PUF, 1993, pp. 183-188; **René VACQUIER** et **Véronique MARMORAT, « La Commission Nationale des Comptes de Campagnes et des Financements Politiques : bilan critique »**, in *Pouvoirs* n°70, *L'argent des élections*, p. 53; **Emmanuel DERIEUX, « Financement et plafonnement des dépenses électorales »**, R.D.P. 1990, pp.1055-1071.

[265] La Chambre des comptes de la Cour suprême du Bénin avait même publié, en février 1999, un manuel à l'usage des responsables des finances des partis politiques, **Cf. Elections législatives au Bénin, 30 mars 1999, Rapport de la mission d'observation de la Francophonie, O.I.F. 83 pages, p.27.**

[266] En France la Commission nationale des comptes de campagnes et des financements politiques comprend neuf membres nommés pour cinq ans par décret soit : 3 membres

Il est dès lors permis de s'interroger sur l'opportunité de doter la commission de membres qui seront *a priori* incapables d'assumer efficacement une tâche de vérification de l'emploi des fonds publics pour laquelle ils ne sont pas préparés.

Ce choix semblait avoir sa logique. Toute velléité de faire de la commission une institution véritablement autonome présentait pour le président de la République qui l'avait organisée et le parti majoritaire dont il reste le chef (Rassemblement démocratique du peuple camerounais) plus de dangers que d'avantages. Cette conception originaire restrictive de l'organe de contrôle expliquait sans doute les limites des pouvoirs de la commission.

En outre, aux termes de l'article 2 du décret du 8 octobre 2001 précité, la commission était habilitée à vérifier sur pièces que l'utilisation des fonds destinés au financement public des partis politiques était conforme aux fins prévues par la loi n°2000/015. Dans l'accomplissement de ses missions, elle pouvait exiger éventuellement tout document financier et comptable nécessaire à la justification des fonds publics alloués. Elle pouvait également, en cas de nécessité, faire constater les cas de détournement des fonds publics alloués aux partis politiques conformément à la législation en vigueur. Ses avis et résolutions étaient adoptés à la majorité des deux tiers (2/3) des membres présents (article 8 alinéa 2 du décret du 8 octobre 2001).

La commission apparaît ainsi comme étant un simple organe consultatif. Elle ne pouvait procéder qu'à un examen sur pièces des informations qui lui étaient communiquées; étant entendu que ses avis ne pouvaient pas faire l'objet d'un recours pour excès de pouvoir devant le juge administratif [267]. Le résultat de son contrôle s'exprimait essentiellement sous la forme d'un rapport annuel de ses activités qu'elle adressait au président de la République.

---

ou membres honoraires du Conseil d'État, désignés sur proposition du vice-président du Conseil d'État, après avis du bureau; 3 membres ou membres honoraires de la Cour de cassation, désignés sur proposition du premier président de la Cour de cassation, après avis du bureau; 3 membres ou membres honoraires de la Cour des comptes, désignés sur proposition du premier président de la Cour des comptes, après avis des présidents de chambres. Article L. 52.14 du Code électoral.

[267] Sur cette question, voir C. **KEUTCHA TCHAPNGA**, « **L'irrecevabilité du recours pour excès de pouvoir contre les actes préparatoires au Cameroun: A propos de quelques décisions juridictionnelles** », *Revue Marocaine d'Administration Locale et de Développement*, (REMALD) n° 26, janvier-février-mars 1999.

La commission n'avait même pas le pouvoir d'intenter des poursuites judiciaires contre un responsable du parti, qu'elle estimait avoir détourné les fonds publics; auquel cas, elle devait disposer d'une force de dissuasion considérable pour sa mission. En amenant le ministère public à exercer l'action publique, elle devait se voir auréolée d'un droit essentiel. Il y aurait là une force suffisamment contraignante pour dissuader ceux qui étaient tentés de profiter personnellement des fonds publics alloués aux partis politiques. En cas d'irrégularité constatée, la commission pouvait tout simplement transmettre le dossier au procureur de la république, juge de l'opportunité des poursuites. Elle n'était d'ailleurs pas tenue de le faire.

L'obligation faite aux partis politiques d'adresser à la commission, dans les 60 jours qui suivent la fin de l'exercice budgétaire, un compte d'emploi des fonds publics reçus assortis des pièces justificatives[268] était à mettre à l'actif de cette réglementation. Elle constituait certainement une des sujétions les plus rigoureuses qui leur étaient imparties.

Une telle obligation juridique ne pouvait réellement exister que dans la mesure où une sanction s'appliquait en cas de non-respect. Or, la commission n'avait pas non plus compétence pour condamner les déclarants ou pour prononcer à leur encontre une quelconque sanction.

Dans ces conditions, de nombreuses questions sans réponses restaient posées. On pouvait en énoncer quelques-unes :

-- Un parti qui ne présenterait pas son compte d'utilisation des fonds publics pourrait-il prétendre, pour l'exercice suivant, au bénéfice de l'aide publique ?

-- Que pouvait faire la commission si un parti présentait tardivement un compte d'emploi des fonds publics reçus assortis des pièces justificatives, c'est-à-dire au-delà des 60 jours qui suivent la fin de l'exercice budgétaire ?

-- Était-il possible de contester l'inertie de la commission si elle s'abstenait d'agir en cas de manquement aux obligations pesant sur les partis politiques ?

Cette liste non exhaustive laissait perplexe l'observateur. On en revenait à la question de l'insuffisance de la volonté des hommes politiques. Si le contrôle avait un caractère prioritaire, nul doute qu'ils

---

[268] Article 3 alinéa 2 du décret du 8 octobre 2001.

auraient doté la commission, en l'absence de dépôt du compte, ou en cas de dépôt hors délai, du pouvoir d'infliger sinon des sanctions pécuniaires (amendes ou perte du droit à la subvention pour l'exercice suivant par exemple), du moins des sanctions électorales qui sont vraisemblablement les plus dissuasives pour les partis, car elles peuvent aboutir à une inéligibilité de leurs candidats.

Les avis émis par la commission ne pouvaient préjuger la décision du juge pénal qui, ce faisant, participait également au contrôle du financement de la vie politique[269].

Il est important de garder présent à l'esprit que le financement des partis politiques et des campagnes électorales est désormais régi par les dispositions du Titre XI (article 275 à 287) de la loi n°2012/001 du 19 avril 2012 portant Code électoral, qui a abrogé la loi n°2000/015 du 19 décembre 2000. L'article 277 de ce Code institue également une commission de contrôle, habilitée à vérifier sur pièces que l'utilisation par les partis politiques ou les candidats des fonds à eux alloués est conforme à l'objet visé par la nouvelle loi. Les partis politiques ou les candidats bénéficiaires d'un financement public ont l'obligation de tenir une comptabilité y afférente. On ose espérer que le décret du président de la République qui interviendra pour fixer l'organisation, la composition et les modalités de fonctionnement de cette nouvelle commission va intégrer l'essentiel des observations faites précédemment.

Dans le même ordre d'idées, le contrôle visant à réaliser l'unité nationale n'a pas fait de progrès notable. On sait pourtant que la Nation était devenue un *mythe mobilisateur* au Cameroun. L'État se proposait, à travers le contrôle à but politique sur le fonctionnement des associations, de construire cette identité encore incertaine érigée en impératif suprême[270], en essayant notamment de résorber les particularismes

---

[269] En ce sens, V. **C. KEUTCHA TCHAPNGA**, « **Le financement des partis politiques et des campagnes électorales au Cameroun….**», article précité.
[270] Contrairement à une idée très répandue selon laquelle la Nation aurait précédé l'État en Europe, au contraire de l'Afrique où l'État est né avant la Nation, M. **Radomir D. LUKIC** soutient que l'antériorité de l'État par rapport à la Nation est attestée par l'histoire, même dans les pays de l'Europe occidentale : « *si l'on considère l'histoire, écrit-il notamment, on peut trouver des exemples très nombreux où l'État contribua à former la Nation (par exemple en France, en Angleterre, et même en Suisse, etc.). Il est vrai que l'Allemagne et l'Italie unifiées ne sont venues qu'après la formation des Nations allemande et italienne, mais il est aussi vrai de même que ces Nations n'étaient pleinement formées qu'après l'unification étatique* », in « **Le rôle de l'État dans la**

ethniques et culturels et en combattant les tendances centrifuges; car « *l'alchimie de la Nation (devait) permettre de fondre les intérêts particuliers dans le creuset de l'intérêt général et de substituer au constat d'une société déchirée et hétérogène, l'image d'une société réconciliée et homogène* »[271]. Ne pouvaient dès lors être autorisées à se former que des associations ne présentant pas un caractère exclusivement tribal ou clanique.

Paradoxalement, ces associations, qui étaient presque clandestines dans les années 70 et dont on avait *un peu honte,* ont envahi le pays. Il en est ainsi notamment du *Ngondo,* réseau identitaire des peuples de la côte camerounaise, des provinces du Sud-ouest, du Littoral et du Sud qui s'analyse en un véritable bouclier du peuple sawa, interdit sous le règne du président AHIDJO; du *La'akam*, constitué en 1991, qui est une association vouée à la défense et à l'illustration des intérêts bamiléké[272]; de l'association *Essingang,* qui regroupe les élites fang-béti des provinces du Centre et du Sud; de *l'Amenord,* amicale des élites du Nord; du *Southern Cameroons People's conference*; de la *Dynamique culturelle kirdi* (DCK)[273]. La liste est loin d'être exhaustive.

---

formation de la Nation », in **Sociologie de la construction nationale dans les nouveaux États**, p. 80, cité par **M. KAMTO, Pouvoir et droit en Afrique Noire. Essai sur les fondements du constitutionalisme dans les États d'Afrique Noire francophone,** Paris, LGDJ, 1987, p. 433.

[271] **J. CHEVALIER**, « L'État-Nation », R.D.P., 1980, n°4, p.1285.

[272] La lettre ouverte, dans sa deuxième version revue et augmentée, publiée en 1991 sous la forme du « *Livre vert sur la question Bamiléké* », est éloquente à cet égard. Elle procède par victimisation des Bamiléké et culpabilisation de l'État : « *lorsque le Bamiléké, confiant en l'avenir de son pays cherche à s'intégrer et à se sentir chez lui partout au Cameroun, on l'accuse de conquête de territoire...Les Bamiléké partagent désormais le sentiment commun d'être réduits aux seconds rôles du fait que les compétences dont ils disposent sont rarement prises en compte...Les Bamiléké ont fini par devenir l'ethnie du Cameroun que l'on peut abreuver d'insanités en toute impunité même lorsque, de toute évidence, les propos malveillants tenus à leur encontre, les discriminations pratiquées à ciel ouvert contre eux, sont de nature à mettre en danger la paix pour laquelle œuvre le gouvernement...Monsieur le Président...vos compatriotes Bamiléké sont bel et bien victimes d'ostracisme et d'exclusion* », in **Le Cameroun éclaté : Anthologie des revendications ethniques (Collectif changer le Cameroun),** Yaoundé, Editions C3, 1992, pp. 209-210.

[273] Créée en 1990 « *dans le souci de promouvoir le développement socioculturel de la communauté Kirdi...* », la Dynamique culturelle kirdi (DCK) est une association culturelle « *d'un peuple longtemps oublié* ». Elle est animée par plusieurs élites kirdi (Kirdi ou Kado désigne cette majorité que sont les Massa, Mousgoum, Toupouri,

Dans le but d'empêcher l'éclosion d'une conscience de classe sociale dans divers milieux populaires, les pouvoirs publics sont très souvent portés à les tolérer. « *Tolérer* », en effet, c'est ne pas interdire ou ne pas exiger alors qu'on le pourrait. Or, l'attitude négative de celui qui « *tolère* » a pour effet positif de laisser librement se manifester une activité interdite[274]. Les tolérances administratives traduisent ainsi le refus des autorités administratives d'user des moyens dont elles disposent face à une violation de la règle de droit.

Autrement dit, expliquent les professeurs BOURDON et NEGRIN, les tolérances administratives « *constituent un refus explicite ou implicite de l'autorité administrative de mettre en œuvre des compétences pour empêcher ou mettre fin à une violation de la loi* »[275]. Elles supposent donc « *la passivité consciente de l'administration devant un comportement non conforme aux lois et règlements en vigueur* »[276].

Ainsi définies, les tolérances consenties par l'administration sont synonymes d'inefficacité du contrôle; car la conduite des sujets du contrôle s'ordonne généralement autour de l'attitude de l'administration face aux violations de la règle de droit. Dès lors, ce n'est plus la règle de droit qui sert de référence au comportement des particuliers mais la pratique administrative.

L'ampleur des tolérances administratives est aujourd'hui, semble-t-il, plus considérable que par le passé. Son importance au Cameroun est telle qu'on ne sait plus très bien actuellement, pour reprendre une belle formule de M. GALLON[277], « *ce qui est effectivement interdit, relativement prohibé, tacitement toléré, généralement admis, occasionnellement permis, impérativement défendu…* ».

À y observer de plus près, les tolérances administratives sont ici à la fois l'expression de l'impuissance de l'administration à exiger le respect d'une règle de droit et de sa bienveillance dans l'application d'une règle

---

Moudang, Guziga, Mafa, Guidear, Fali, Dourou, Mboum, Baya, etc. Kirdi est le mot arabe qui signifie non-islamisé).

[274] V. **Lucile TALLINEAU**, « **Les tolérances administratives** », A.J.D.A. 1978, p.3.
[275] M. **Gallon**, « **L'inflation législative et réglementaire en France** », A.E.A.P., volume III, 1985, p. 96.
[276] **L. TALLINEAU**, « **Les tolérances administratives** », article précité, p. 5.
[277] **G. A. GALLON**, « **Le service de la répression des fraudes et du contrôle de la qualité** », Thèse Droit, Paris II, 1973, p. 330.

qu'elle a les moyens de faire respecter. On constate ainsi un passage de l'illégal toléré à l'illégal intolérable.

Les exemples pour illustrer cette observation ne manquent pas. On peut s'en tenir à un seul qui nous paraît être très significatif.

En effet, l'engouement des Camerounais pour les nouveaux mouvements religieux ou spirituels est aujourd'hui un constat d'évidence et la plupart des auteurs l'ont noté[278]. Dans une société camerounaise où la crise économique et sociale a détruit bien des valeurs, les citoyens ont tôt fait de se chercher d'autres voies de salut. « *Il faut ajouter à la misère ambiante, la crise de la foi, le désir spirituel et la recherche des pouvoirs paranormaux. La crise de la foi chrétienne se manifeste, parce qu'il paraîtrait que l'église chrétienne n'a pas transmis à ses fidèles toutes les connaissances que lui a léguées le Christ. Les croyants sont désemparés devant les maux de toutes sortes que l'église ne parvient pas ou plus à résoudre. Le comportement même de certains hommes d'église laisse perplexe ou déçoit bien des fidèles* »[279].

Or, il est bien connu que « *juridiquement, sans décret d'autorisation, une association ou congrégation religieuse n'existe pas. La pratique consacre cependant l'existence de fait pour certaines d'entre elles; et l'importance des associations religieuses de fait au Cameroun laisse penser qu'en la matière, cette existence de fait serait la règle, alors que l'autorisation serait l'exception* »[280].

Conserve à cet égard toute sa pertinence, la longue et fort illustrative observation faite en 1999 par M. Bernard MOMO selon laquelle, au Cameroun, de nos jours, « *il est difficile pour le profane de distinguer les religions reconnues de celles qui sont illicites. Cette confusion est entretenue par l'État lui-même à travers la liberté d'action qu'il accorde indifféremment à toutes ces religions et sectes. Les associations religieuses non reconnues disposent des édifices de culte et organisent des offices religieux publics. Elles créent des écoles, des dispensaires, des hôpitaux portant leur dénomination, elles reçoivent des subventions de l'État pour la réalisation des œuvres sociales, etc. Toutefois, leur*

---

[278] V. **B. R. GUIMDO, « Réflexion sur les assises juridiques de la liberté religieuse au Cameroun »**, *Les Cahiers de Droit*, Université de Laval, 1999, pp. 791-820, notamment, p.808.
[279] **B. R. GUIMDO,** article précité, p. 808.
[280] V. **Bernard MOMO, « La laïcité de l'État dans l'espace camerounais »**, *Les Cahiers de Droit*, Université de Laval, 1999, pp. 821-848, notamment. p. 832.

situation demeure précaire en raison de leur non reconnaissance juridique. Elle peut cependant aussi résulter des conflits religieux internes troublant l'ordre public et susceptibles d'entraîner une dure réaction de la part de l'État. Il faut néanmoins décrier les intentions inavouées de l'État qui souhaiterait détenir un large pouvoir de « frapper » n'importe quand, dès lors que son opinion à l'égard d'une communauté religieuse ou d'une secte devient négative. En d'autres termes, l'État est toujours en position de force. En réalité, c'est une liberté très surveillée ou simplement piégée qui est laissée aux cultes et religions non reconnus »[281].

À la limite, dans un contexte comme celui du Cameroun, tolérances administratives et corruption[282] fusionnent. L'ampleur de la corruption et des tolérances administratives explique d'ailleurs pourquoi l'État camerounais est considéré comme un « *État mou* »[283], dont l'impuissance à maîtriser le contrôle du fonctionnement des associations contraste avec l'essentiel des objectifs officiels censés être poursuivis.

---

[281] **B. MOMO**, article précité, p. 834.

[282] Il y a corruption à partir du moment où un agent public perçoit ou participe à la perception de sommes ou avantages en nature non prévus par les textes en vigueur. Considérée comme « *un obstacle essentiel au développement* » (**René DUMONT, L'Afrique noire est mal partie,** Paris, Seuil, 1962, p.2), la corruption constitue, sans nul doute, un phénomène généralisé des sociétés postcoloniales. Elle n'est certes pas le monopole des pays en voie de développement, car aucun pays industrialisé n'est épargné par ce fléau. La corruption y prend toutefois une ampleur et une extension considérables que dans les pays développés (**Philippe DECRAENE, « La corruption en Afrique Noire »,** *Pouvoirs* n°31, pp. 96 et suivantes). Au Cameroun, en particulier, comme l'a noté le **Professeur MEDARD**, « *la corruption est directement observable, quotidienne et embrasse tous les secteurs de la vie politico-administrative. Elle n'atteint pas toutefois la dimension qu'on lui reconnaît dans des pays comme le Nigeria (...), mais tout titulaire d'une parcelle d'autorité publique, qu'il soit haut, moyen ou petit fonctionnaire, a la tentation de monnayer son influence, ses faveurs ou ses services* ». **J.F. MEDARD, « L'État sous-développé au Cameroun »,** *Année Africaine,* 1977, 58.

[283] Dans une étude bien connue, **Myrdal GUNNAR** a pu décrire l'État africain postcolonial « *comme un État fort et un État mou* ». Il faut comprendre par là, nous semble-t-il, que l'État africain est fort parce qu'il est autoritaire et repose largement sur l'arbitraire et la violence exercée souvent hors de tout cadre légal. Cet absolutisme va de pair avec une telle inefficacité que cet État fort est en réalité considérablement *mou*, c'est-à-dire impuissant, malgré sa capacité de nuisance, car il est incapable de traduire les objectifs qu'il se donne en politique effective; in « **L'État mou dans les pays sous-développés »,** *Revue Tiers Monde,* janvier-mars 1969, Tome X, n°37, p. 18.

CONCLUSION DE LA SECONDE PARTIE

Il n'est guère contestable que les sanctions administratives et disciplinaires répondent, dans la pensée du législateur, à une considération de prévention, dans ses effets individuels et généraux.

La prévention individuelle réside dans l'espoir que, réformés par le châtiment, les responsables d'associations punis ne récidiveront pas, les souffrances endurées leur ayant inspiré le sentiment que l'infraction à la réglementation ne paie pas.

La prévention générale procède de la conception selon laquelle la crainte d'une peine exemplaire est salutaire et de nature à faire hésiter les délinquants éventuels.

Ce rôle de prévention est renforcé par la publicité de la peine, donc de la faute. Les sanctions administratives et disciplinaires constituent ainsi une arme indispensable à l'efficacité du contrôle de l'État sur le fonctionnement des associations. Encore faut-il qu'elles soient effectivement appliquées.

Comme on a pu le constater, les sanctions administratives, à la différence des sanctions disciplinaires infligées par la FECAFOOT, sont en pratique très rares en ce domaine pour avoir des effets dissuasifs et pédagogiques; autrement dit, les sanctions administratives sont insuffisamment appliquées pour pouvoir donner au contrôle sa pleine efficacité.

CONCLUSION GENERALE

La réaction de l'État face au phénomène associatif est restée très incohérence. La puissance publique branle en effet entre la fermeté et le laxisme, le plus souvent de manière simultanée.

La fermeté se manifeste à travers l'application de la législation sur les partis politiques et les syndicats. Cette fermeté révèle en pratique la volonté des pouvoirs publics de s'appuyer sur les prescriptions de l'ordre public pour appliquer à ces deux groupements un régime juridique teinté d'un souci de sévérité accrue.

L'histoire renseigne sur la longue tradition d'engagement politique des syndicats en Afrique en général, et au Cameroun en particulier, depuis leur implication dans les mouvements anticoloniaux jusqu'aux luttes actuelles pour la démocratie et permet, ce faisant, de mieux saisir les raisons profondes de cette sévérité de l'État à leur égard.

La doctrine s'accorde en effet à reconnaître que l'extraordinaire engagement historique des syndicats en politique[284] s'est fait en trois phases.

---

[284] Tous deux apparus dans la seconde moitié du XIX" siècle, le parti politique et le syndicat modernes se distinguent nettement l'un de l'autre. Alors que les partis sont, selon l'expression de Max WEBER, des « *entreprises politiques* » (**Max Weber, Le savant et le politique**, UGE, 1974, p. 121) « *destinées, dans les démocraties, à conquérir et exercer le pouvoir d'État périodiquement remis en jeu lors des élections et ont vocation, à ce titre, à prendre position sur tous les aspects de la vie du pays et de ses habitants* », les syndicats ne sont que des « *groupes de pression spécialisés dans l'étude et la défense des droits et des intérêts matériels et moraux, tant collectifs qu'individuels des personnes visées par leurs statuts* ». Pourtant, on ne saurait inférer, de cette différence d'objet, l'existence d'une séparation des sphères politique et syndicale, qui communiquent par de multiples canaux, ni des acteurs qui s'y trouvent impliqués. Malgré les contraintes politiques qui pèsent sur eux, précise le professeur **POIRMEUR**, les syndicats sont devenus des acteurs politiques occupant une place originale sur le système politique. Certes, leur objet demeure différent de celui des partis, mais la distinction des domaines politique et syndical ne correspond plus à la situation actuelle du syndicalisme. S'il ne cherche pas à prendre le pouvoir, il s'est transformé, a fait irruption dans le champ politique et a acquis une assise institutionnelle qui lui permet de jouer, s'il le souhaite, un rôle politique important. En ce sens, lire V. **Yves POIRMEUR**, « **Activité politique et organisations syndicales** », www.upicardie.fr/labo/currap/revues/root/poirmeur.pdf). pp. 1 et 55.

La première phase a été marquée par une lutte commune contre le colonialisme, durant laquelle des liens étroits se sont développés entre les syndicats et les mouvements de libération nationale. Tout en étant des acteurs importants, les syndicats jouaient généralement le rôle de partenaires juniors des partis politiques, sans développer un programme social autonome, ni en dehors ni au-delà de la lutte pour l'indépendance politique.

La seconde phase commence avec l'indépendance et l'introduction de projets dirigés par l'État, qui ont rapidement généré de l'emploi dans le secteur public. Durant cette phase, les droits syndicaux formels étaient souvent protégés en théorie, mais, dans la pratique, les syndicats étaient assujettis aux partis politiques dominants, perdant ainsi toute capacité d'autonomie d'intervention sur le plan politique. Les syndicats étaient censés plutôt jouer un double rôle : tout d'abord, celui d'aider au développement national, en général, et ensuite, celui de représenter les intérêts de ses membres ordinaires, sur les questions du travail.

La troisième phase, celle de la régulation du marché, a commencé dans les années 90. Face à l'endettement général des États survenu au cours des années 70 et 80, les gouvernements se sont retrouvés sous la pression des institutions financières internationales qui exigeaient un ajustement budgétaire en accord avec l'austérité fiscale préconisée par l'orthodoxie néolibérale. Il y eut des pertes généralisées d'emploi au cours des périodes d'application des programmes d'ajustement structurel pendant lesquelles la plupart des syndicats cherchèrent à se dégager du corporatisme étatique qui semblait avoir perdu sa capacité de réaction. Comme les syndicats commençaient à résister aux restrictions, aux réductions salariales, à la privatisation et à la détérioration des services sociaux, le mouvement des travailleurs apparut comme un *opposant* important aux États à parti unique, caractéristique de l'Afrique postcoloniale.

Une partie importante des revendications de ces syndicats concernait leur recherche d'une plus grande autonomie, ainsi qu'une influence sur la conduite des politiques gouvernementales. En fait, les syndicats ont véritablement été au centre des mouvements largement répandus de remise en cause des gouvernements autoritaires en Afrique contemporaine. Ainsi, paradoxalement, malgré leur faiblesse, les syndicats étaient souvent craints par les gouvernements postcoloniaux[285].

---

[285] V. notamment **Edward WEBSTER, « Syndicats et partis politiques en Afrique. Nouvelles alliances, stratégies et nouveaux partenariats »**, Friedrich-Ebert-Stiftung,

C'est notamment pourquoi, depuis les années 60, les régimes successifs aux commandes au Cameroun multiplient manœuvres et subterfuges pour contrôler strictement l'action des syndicats.

Les propos extraits d'une presse électronique locale sont, à cet égard, fort clairs : « *de l'ère AHIDJO à l'ère BIYA, le pouvoir semble exercer un contrôle particulièrement serré sur le mouvement syndical, qu'il a, par le passé, soutenu en collectant et en lui reversant l'impôt syndical. La promulgation de la loi du 19 décembre 1990 sur la liberté d'association n'a pas changé grand-chose à la donne. La preuve, cette loi a prévu en son article 5 que les partis politiques et les syndicats feront l'objet de textes particuliers. Ce qui est déjà le cas pour les partis politiques, au contraire des syndicats qui rongent encore leur frein. A l'analyse, cet arsenal juridique subordonne toute existence légale d'un syndicat à l'agrément ou à l'enregistrement préalable, soit au Ministère de l'administration territoriale et de la décentralisation (pour les employés du secteur public), soit au Ministère du travail et de la sécurité sociale (pour les employés du secteur privé)* »[286].

À côté du *verrouillage* des libertés syndicales du point de vue juridique, il est loisible de remarquer que, depuis quelque temps, les manifestations publiques des organisations syndicales se raréfient. Il y a, enfin une *instrumentalisation* d'un certain nombre de leaders syndicaux ; le pouvoir ne voulant manifestement pas d'un syndicalisme de revendication, mais plutôt, selon une expression consacrée dans la pratique, d'un « *syndicalisme d'accompagnement* ».

Par ailleurs, il est en réalité difficile de faire comprendre la fermeté profonde de l'État camerounais à l'égard des partis politiques à quiconque n'en a pas en fait l'expérience. On ne peut véritablement prouver cette fermeté. On ne peut que l'illustrer par des exemples et des anecdotes.

L'une des matérialisations de la sévérité accrue de l'État se situe au niveau de l'interdiction des manifestations et des réunions projetées par les partis politiques de l'opposition[287]. Si les libertés de manifestation et

---

La Coopération Syndicale Internationale, Document d'information n°3/2008. www.fes.de/gewerkschaften.
[286] « **Cameroun : Comment le pouvoir déstabilise les syndicats** », kiraworld.com. Mercredi 11 mai 2011, 00.04.
[287] Pour plus amples précisions sur ce point, V. **Thierry SOH MBOGNE, « L'opposition au Cameroun à l'ère du retour au pluralisme politique (1990-**

de réunion sont constitutionnellement garanties, dans la pratique, les autorités administratives rechignent trop souvent à les reconnaitre aux partis de l'opposition. Lorsque ces derniers tentent, malgré tout, de passer outre l'interdiction, les représailles sont souvent violentes de la part des forces de maintien de l'ordre mobilisées pour contrecarrer la tenue desdites réunions ou manifestations publiques.

Ce fut, par exemple, le cas le 15 novembre 2009 lorsque le sous-préfet de Yaoundé Ier décida d'interdire la tenue du congrès national du Parti socialiste populaire (PSP), au motif que ce parti n'était pas légalement reconnu et que l'organisation de cette manifestation pouvait gravement nuire à l'ordre public. Pourtant, comme le faisaient remarquer les dirigeants de ce parti, en l'occurrence M. André TEUABO, l'acte du sous-préfet était constitutif d'un abus de pouvoir parce que, disait-il alors, « *nous avons ici un récépissé en date du 04 novembre 2009 délivré par Pascal MBOZO'O NNOMENGO, le Sous-préfet de l'arrondissement de Yaoundé Ier pour la tenue de ce congrès extraordinaire. Nous sommes surpris qu'aujourd'hui, la même personne qui nous a donné l'autorisation vienne à dire que le parti n'est pas reconnu. Les lois sont faites pour être respectées, mais je suis navré de constater que les autorités de ce pays s'en servent pour oppresser les autres* »[288].

Si, juridiquement, on peut convenir que par parallélisme de forme, l'autorité ayant pris une décision au départ peut normalement y revenir par la suite lorsque de nouveaux éléments sont portés à sa connaissance, il ne faut pas que, par son erreur, elle porte atteinte aux libertés fondamentales des citoyens constitutionnellement garanties.

De même, l'interdiction[289], le 13 août 2012, de la conférence de presse marquant la première sortie officielle du Mouvement pour la renaissance

---

2010) », Thèse de Master en Droit public, Université de Dschang, juin 2011, 305 pages, pp. 204-210.

[288] Cf. *Le Messager* du 17 novembre 2009, cité par **Th. SOH MBOGNE, « L'opposition au Cameroun à l'ère du retour au pluralisme politique (1990-2010) »**, Thèse précitée, p.205.

[289] Malgré cette interdiction paradoxale du sous-préfet de Yaoundé III qui, le 08 août 2012, avait délivré à M. Alain FOGUE TEDOM le récépissé de déclaration de manifestation publique « *en vue d'organiser une Conférence de presse le 13 août 2012 de 10 à 12 heures à l'hôtel Hilton de Yaoundé* », les organisateurs ont délivré leur message dans une salle obscure, insonorisée et en présence de quelques journalistes et invités arrivés un peu plus tôt avant le déploiement des forces de l'ordre. C'est dans ce contexte un peu *surréaliste* que M. Alain FOGUE TEDOM, président de la

du Cameroun (MRC) est encore fraîche dans les mémoires pour qu'on puisse y insister davantage. Rappelons seulement que les nombreuses personnalités et les journalistes invités à prendre part à cette conférence de presse se sont retrouvés ce jour à l'hôtel Hilton à Yaoundé où ils n'ont pas pu accéder à la salle de conférence qui avait été réservée par les organisateurs pour recevoir cette cérémonie, les forces de l'ordre ayant été déployées en ce lieu pour filtrer l'entrée de cet établissement hôtelier et empêcher l'accès à la salle de cérémonie.

Dans le même temps, l'État a, en général, manifesté vis-à-vis des associations tribales ou claniques une très grande tolérance. La formule des associations non déclarées offre davantage aux dites associations un cadre idéal d'épanouissement. D'ailleurs, depuis 1990, les associations non déclarées sont constituées épisodiquement par quelques hauts responsables de l'administration, à la veille des élections locales ou nationales, pour soutenir le pouvoir en place et on ne peut logiquement s'en émouvoir.

Le problème se pose dès lors que lesdites associations non déclarées perçoivent illégalement des aides publiques ou encore lorsque les associations religieuses fonctionnent sans autorisation administrative préalable.

En fait, « *il est connu que le Cameroun abrite plus d'une centaine de religions et sectes non reconnues, dont quelques-unes paraissent jouir auprès des pouvoirs publics d'une audience certaine. Le caractère semi-*

---

coordination provisoire du MRC, a lu la déclaration officielle de ce mouvement politique à l'ouverture de la conférence de presse. D'après cette déclaration, le MRC est constitué des partis politiques, des organisations et des personnalités de la société civile, des hommes, des femmes et des jeunes issus de divers horizons socioculturels, linguistiques et professionnels, ayant « *d'un commun accord, et dans élan patriotique, décidé de fusionner [leurs] structures et [leurs] capacités, pour créer un grand parti politique dénommé « Mouvement pour la Renaissance du Cameroun » en abrégé MRC. Le Mouvement pour la Renaissance du Cameroun est structuré autour d'un pragmatisme idéologique porté par les valeurs républicaines, patriotiques et panafricanistes sur le plan politique, la liberté d'entreprendre dans un cadre sécurisé par un État stratège sur le plan économique, et un humanisme profond reposant sur une puissante solidarité nationale et le partage équitable des fruits de la prospérité nationale sur le plan social. Il s'agit là de la grande synthèse des principaux courants de pensée qui ont structuré le progrès des peuples à travers l'histoire et qui sous-tend la grande vision de la renaissance nationale* ». Pour en savoir plus sur cette déclaration, voir **Serge Alain KA'ABESSINE, « L'ordre d'étouffer Maurice KAMTO est parti de Genève… »** http://www.germinalnewspaper.com/index. Mardi, 14 Août 2012 17:24

clandestin de l'existence des religions et missions non autorisées constituerait-il un simple pis-aller pour l'État qui cherche à concilier son autorité et le respect des libertés fondamentales de la personne, en l'occurrence la liberté de conscience ? Le texte de loi sur la liberté d'association porte en lui-même les germes d'une ambiguïté, tout au moins sémantique. En réalité, certaines religions échappent à la définition qu'en donne la loi. L'église catholique ou presbytérienne ou encore la religion musulmane au Cameroun ne peuvent être confondues avec de simples congrégations religieuses, sinon réduites à cette définition »[290].

Malgré la fermeté dont fait preuve le pouvoir politique en serrant au plus près certains types d'associations, notamment les partis politiques et les syndicats, la vie associative subsiste dans divers domaines au Cameroun et donne à espérer à un plus grand développement de la protection non juridictionnelle des droits et libertés aux niveaux politique, économique et social.

---

[290] **B. MOMO, « La laïcité de l'État dans l'espace camerounais »,** article précité, p. 833.

ANNEXES

Annexe I
Loi n°90/053 du 19 décembre 1990 relative à la liberté d'association
(Source : www.minsep.cm)

Annexe II
Loi n°99/O11 du 20 juillet 1999 modifiant et complétant certaines dispositions de la loi n°90/053 du 19 décembre 1990 relative à la liberté d'association
(Source : www.minsep.cm)

Annexe III
Décision n°002/FCF/CR/2012 de la Commission de Recours. Affaire Coton Sport FC de Garoua contre Agbor Kelvin et Bom Yang Fernando
(Source : www.fecafootonline.com-E)

Annexe IV
Tableau confessionnel légal de la République du Cameroun
(Source : Ministère de l'Administration territoriale et de la Décentralisation. Direction des affaires politiques)

Annexe V
Liste des associations reconnues d'utilité publique conformément à la loi sur la liberté d'association
(Source : Ministère de l'Administration territoriale et de la Décentralisation. Direction des affaires politiques)

Annexe VI
ONG agréées par le ministre d'Etat, ministre de l'Administration territoriale et de la Décentralisation
(Source : Ministère de l'Administration territoriale et de la Décentralisation. Direction des affaires politiques)

Annexe VII
Organisations non gouvernementales unipersonnelles
(Source : Ministère de l'Administration territoriale et de la Décentralisation. Direction des affaires politiques)

Annexe I

Loi n°90/053 du 19 décembre 1990 relative à la liberté d'association

TITRE I. DISPOSITIONS GENERALES

Article 1er.- La liberté d'association proclamée par le préambule de la Constitution est régie par les dispositions de la présente loi.

(2) Elle est la faculté de créer une association, d'y adhérer ou de ne pas y adhérer.

(3) Elle est reconnue à toute personne physique ou morale sur l'ensemble du territoire national.

Art. 2.- L'association est la convention par laquelle des personnes mettent en commun leurs connaissances ou leurs activités dans un but autre que de partager des bénéfices.

Art. 3.- Tout membre d'une association peut s'en retirer à tout moment après paiement des cotisations échues de l'année en cours.

Art. 4.- Les associations fondées sur une cause ou en vue d'un objet contraires à la Constitution, aux lois et aux bonnes mœurs, ainsi que celles qui auraient pour but de porter atteinte notamment à la sécurité, à l'intégrité territoriale, à l'unité nationale, à l'intégration nationale et à la forme républicaine de l'État sont nulles et de nul effet.

Art. 5.- (1) Les associations obéissent à deux régimes :

- le régime de la déclaration ;
- le régime de l'autorisation.

(2) Relèvent du régime de l'autorisation, les associations étrangères et les associations religieuses.

(3) Toutes les autres formes d'association sont soumises au régime de la déclaration. Toutefois, les régimes prévus à l'alinéa premier ci-dessus ne s'appliquent pas aux associations de fait d'intérêt économique ou socioculturel.

(4) Les partis politiques et les syndicats sont régis par des textes particuliers.

TITRE II. DU REGIME DES ASSOCIATIONS DECLAREES

CHAPITRE I. DE LA CREATION

Art. 6.- Sous réserve des cas de nullité prévus à l'article 4 ci-dessus, les associations se créent librement. Toutefois, elles n'acquièrent de personnalité juridique que si elles ont fait l'objet d'une déclaration accompagnée de deux exemplaires de leur statut.

Art. 7.- (1)- La déclaration prévue à l'article précédent est faite par les fondateurs de l'association à la préfecture du département où celle-ci a son siège. Un récépissé leur est délivré dès que le dossier est complet, si l'association n'est pas frappée de nullité.

(2)- La déclaration indique le titre, l'objet, le siège de l'association ainsi que les noms, professions et domiciles de ceux qui, à un titre quelconque, sont chargés et son administration ou de sa direction.

Toute modification ou tout changement dans ces éléments doit être porté dans les deux mois à la connaissance du préfet.

(3)- Le silence du préfet gardé pendant deux mois après le dépôt du dossier de déclaration vaut acceptation et emporte acquisition de la personnalité juridique.

Art. 8.- Toute personne a le droit de prendre connaissance sur place à la préfecture, des déclarations et statuts ainsi que des changements intervenus dans l'administration d'une association. Elle peut s'en faire délivrer, à ses frais, copies et extraits.

CHAPITRE II. DU FONCTIONNEMENT

Art. 9.- Les associations s'administrent librement dans le respect de leurs statuts et de la législation en vigueur.

Art. 10.- (1) Toute association déclarée dans les conditions prévues par la présente loi peut librement :

- ester en justice ;
- gérer et disposer des sommes provenant des cotisations ;
- acquérir à titre onéreux et posséder :

a) le local destiné à son administration et aux réunions de ses membres ;

b) les immeubles nécessaires à l'accomplissement du but qu'elle poursuit.

2) Les valeurs mobilières de toute association doivent être placées en titres nominatifs.

Art. 11.- Hormis les associations reconnues d'utilité publique, aucune association déclarée ne peut recevoir ni subventions des personnes publiques ni dons et legs des personnes privées.

CHAPITRE III. DE LA DISSOLUTION

Art. 12.- Les associations peuvent être dissoutes :

- par la volonté de leurs membres conformément aux statuts ;

- par décision judiciaire à la diligence du ministère public ou à la requête de tout intéressé en cas de nullité prévue à l'article 4 ci-dessus. Le jugement ordonnant la fermeture des locaux et/ou l'interdiction de toute réunion des membres de l'association est exécutoire nonobstant toute voie de recours.

Art. 13.- (1)- Le ministre chargé de l'Administration territoriale peut, sur proposition motivée du préfet, suspendre par arrêté, pour un délai maximum de trois (3) mois, l'activité de toute association pour troubles à l'ordre public.

(2)- Le ministre chargé de l'Administration territoriale peut également, par arrêté, dissoudre toute association qui s'écarte de son objet et dont les activités portent gravement atteinte à l'ordre public et à la sécurité de l'État.

(3)- Par dérogation à l'article 12 de l'ordonnance n°72/6 du 26 août 1972 fixant l'organisation de la Cour suprême, les actes prévus aux alinéas 1 et 2 ci-dessus sont susceptibles de recours, sur simple requête, devant le président de la juridiction administrative.

Ce recours doit intervenir dans un délai de (10) jours à compter de la date de notification à personne ou à domicile. Le président statue par ordonnance dans un délai de dix (10) jours.

(4)- L'exercice des voies de recours n'a pas d'effet suspensif.

Art. 14.- La dissolution d'une association ne fait pas obstacle aux poursuites judiciaires qui peuvent éventuellement être engagées contre les responsables de cette association.

TITRE III - DU REGIME DES ASSOCIATIONS AUTORISEES
CHAPITRE IV - DES ASSOCIATIONS ETRANGERES

Art. 15.- Sont réputés associations étrangères, quelle que soit la forme sous laquelle ils peuvent se présenter, les groupements possédant les caractéristiques d'une association, qui ont leur siège à l'étranger ou qui, ayant leur siège au Cameroun, sont dirigés en fait par des étrangers ou dont plus de la moitié des membres sont des étrangers.

(2) Les valeurs mobilières de toute association doivent être placées en titres nominatifs.

Art. 16.- (1) Les associations étrangères ne peuvent exercer aucune activité sur le territoire sans autorisation préalable du ministre chargé de l'Administration territoriale après avis conforme du ministre chargé des Relations extérieures.

(2) La demande d'autorisation d'exercer qui est introduite au ministère chargé des Relations extérieures par les fondateurs ou les mandataires d'une association étrangère doit spécifier les activités à mener, les lieux d'implication

au Cameroun, les noms, professions et domiciles de ceux qui, à un titre quelconque, sont chargés de la direction de ces activités.

(3) Les associations étrangères ne peuvent avoir des établissements au Cameroun qu'en vertu d'une autorisation distincte pour chacun de ces établissements. La demande d'autorisation pour tout nouvel établissement est adressée au ministre chargé des Relations extérieures qui, après avis, la transmet au ministre chargé de l'Administration territoriale.

Art. 17.- (1) L'autorisation peut être accordée à titre temporaire ou soumise à un renouvellement périodique.

(2) Elle peut être subordonnée à certaines conditions ;

(3) Elle peut être retirée à tout moment.

(4) Les associations étrangères auxquelles l'autorisation est refusée ou retirée doivent cesser immédiatement leurs activités et procéder à la liquidation de leurs biens dans le délai de trois (3) mois à compter de la date de notification de la décision.

(5) En aucun cas, le retrait d'une autorisation ne peut donner lieu à dommages-intérêts.

Art. 18.- Les préfets peuvent, à tout moment, inviter les dirigeants de tout groupement ou de tout établissement fonctionnant dans leur département à fournir par écrit, dans le délai de quinze jours, tous renseignements de nature à déterminer le siège auquel ils se rattachent, leur objet, la nationalité de leurs membres, de leurs administrateurs ou de leurs dirigeants effectifs.

Art. 19.- Les associations étrangères, quelle que soit la forme sous laquelle elles se présentent, qui ne demandent pas l'autorisation dans les conditions fixées ci-dessus, sont nulles de plein droit.

Art. 20.- (1) Sont punis d'un emprisonnement de quinze jours à six mois et d'une amende de 100.000 à 1.000.000 de F ou de l'une de ces deux peines seulement, ceux qui, à un titre quelconque, assument ou continuent d'assumer l'administration d'associations étrangères ou d'établissements fonctionnant sans autorisation.

(2) Sont punis d'un emprisonnement de dix jours à trois mois et d'une amende de 50.000 à 500.000 F ou de l'une de ces deux peines seulement, les autres personnes qui participent au fonctionnement de ces associations ou de leurs établissements.

(3) Les peines de l'alinéa 2 ci-dessus sont applicables aux dirigeants, administrateurs et participants à l'activité d'associations ou d'établissements qui fonctionnent sans observer les conditions imposées par l'arrêté d'autorisation au-delà de la durée fixée par ce dernier.

Art. 21.- Les associations étrangères peuvent être reconnues d'utilité publique.

CHAPITRE V. DES ASSOCIATIONS RELIGIEUSES

Art. 22.- Est considéré comme association religieuse :

- tout groupement de personnes physiques ou morales ayant pour vocation de rendre hommage à une divinité :

- tout groupement de personnes vivant en communauté conformément à une doctrine religieuse.

Art. 23.- Toute association religieuse doit être autorisée. Il en est de même de tout établissement congréganiste.

Art. 24.- L'autorisation d'une association religieuse ou d'un établissement congréganiste est prononcée par décret du président de la République, après avis motivé du ministre chargé de l'Administration territoriale.

Art 25.- (1) Les associations religieuses ne peuvent recevoir de subventions publiques ou de dons et legs immobiliers.

(2) Toutefois, elles peuvent recevoir les dons et legs immobiliers nécessaires à l'exercice de leurs activités.

Art. 26.- Les associations religieuses tiennent un état de leurs recettes et dépenses et dressent chaque année, le compte financier de l'année écoulée et l'état d'inventaire de leurs biens meubles et immeubles.

Art. 27.- Les responsables des associations religieuses sont tenus de présenter, sur réquisition du ministre chargé de l'Administration territoriale ou de son délégué, les comptes et états visés à l'article précédent ainsi que les listes complètes de leurs membres dirigeants.

Art. 28.- (1) Sont nuls tous actes de donations entre vifs ou testamentaires, à titre onéreux ou gratuit, accomplis soit directement, soit par personne interposée ou par toute voie indirecte ayant pour objet de permettre aux associations religieuses légalement ou illégalement fondées de se soustraire aux obligations de l'article 27 ci-dessus.

(2) Cette nullité sera constatée, soit à la diligence du ministère public sur dénonciation du ministre chargé de l'Administration territoriale ou de son délégué, soit à la requête de tout intéressé.

Art. 29.- Sont punis des peines prévues aux articles 314 et 129 du Code pénal, les représentants ou directeurs d'une association religieuse qui ont fait des fausses communications ou refusé d'obtempérer aux réquisitions du ministre chargé de l'Administration territoriale ou de son délégué dans le cadre des dispositions de l'article 27 ci-dessus.

Art. 30.- Toute association religieuse peut être suspendue par arrêté du ministre chargé de l'Administration territoriale pour troubles à l'ordre public. Cette suspension obéit aux dispositions de l'article 13 ci-dessus.

Art. 31.- Toute association religieuse dûment autorisée dont l'objet initial est par la suite dévié peut être dissoute après préavis de deux mois resté sans effet par décret du président de la République.

TITRE IV. DISPOSITIONS DIVERSES, TRANSITOIRES ET FINALES

Art. 32.- (1) Toute association dont la contribution effective est déterminante dans la réalisation des objectifs prioritaires du gouvernement peut, sur demande, être reconnue d'utilité publique par décret du Président de la République, après avis motivé du ministre chargé de l'Administration territoriale.

(2) Elle peut dans ces conditions :

- accomplir tous les actes de la vie civile non interdits par ses statuts, sans pouvoir posséder ou acquérir d'autres immeubles que ceux nécessaires au but qu'elle poursuit ;

- recevoir des dons et legs de toute nature sous réserve de l'autorisation du ministre chargé de l'Administration territoriale pour les dons et les legs immobiliers ;

- recevoir des subventions de l'État et des collectivités décentralisées ; dans ce cas, l'État doit s'assurer de la bonne utilisation de ces subventions.

Art. 33.- (1) Sont punis d'une amende de 100.000 à 1000.000 de F, d'un emprisonnement de trois mois à un an, ou de l'une de ces deux peines seulement, les fondateurs ou administrateurs de l'association qui serait maintenue ou reconstituée illégalement après jugement ou décision de dissolution.

(2) Lorsque la décision de dissolution a été motivée par des manifestations armées, une atteinte à la sûreté intérieure ou extérieure de l'État, le maximum des peines prévues à l'alinéa précédent est doublé.

(3) Sont punies des mêmes peines, les personnes qui ont favorisé la réunion des membres de l'association dissoute en leur conservant l'usage d'un local dont elles disposent.

Art. 34.- Les associations qui justifient de la possession d'actes de déclaration, de reconnaissance ou d'autorisation délivrés conformément à la législation en vigueur lors de la présente loi sont tenues d'en faire la preuve dans le délai de douze mois par la production d'une copie au ministre chargé de l'Administration territoriale.

Art. 35.- La loi n°67/LF/19 du 12 juin 1967 sur la liberté d'association est abrogée et remplacée par les dispositions de la présente loi.

Art. 36.- La présente loi sera enregistrée, publiée selon la procédure d'urgence, puis insérée au Journal officiel en français et en anglais.

Annexe II

Loi n°99/O11 du 20 juillet 1999 modifiant et complétant certaines dispositions de la loi n°90/053 du 19 décembre 1990 relative à la liberté d'association

« Article 1er.- Les dispositions de l'article 5 (4) de la loi n°90/053 du 19 décembre 1990 relative à la liberté d'association sont modifiées et complétées ainsi qu'il suit :

Article 5 (4) (nouveau)- « Les partis politiques, les syndicats, les associations sportives et les organisations non gouvernementales sont régis par des textes particuliers ».

Article 2.- La présente loi sera enregistrée, publiée suivant la procédure d'urgence, puis insérée au Journal Officiel en français et en anglais./-

Annexe III

Décision n°002/FCF/CR/2012 de la Commission de Recours. Affaire Coton Sport FC de Garoua contre Agbor Kelvin et Bom Yang Fernando

FEDERATION CAMEROUNAISE DE FOOTBALL
CAMEROON FOOTBALL FEDERATION

Affiliée à la FIFA en 1962, à la CAF en 1963 et à l'UNIFFAC en 1998
B.P. : 1116 Yaoundé- Cameroun - Tél : +237 22 20 26 56 - Fax : +237 22 21 66 62 - Serveur Fax : 33 1 70 79 03 43
Site web : www.fecafootonline.com - E-mail : fecafoot@fecafootonline.com
Numéro Contribuable:089600013325C

DECISION N° 002/FCF/CR/2012
DE LA COMMISSION DE RECOURS

Affaire :
COTON SPORT FC DE GAROUA
C/
AGBOR KELVIN ET BOM YANG FERNANDO

Vu la Constitution ;

Vu la loi n° 2011/018 du 15 Juillet 2011, relative à l'organisation et à la promotion des activités physiques et sportives ;

Vu les Statuts et Règlements de la FECAFOOT ;

Vu la décision N° 005/FCF/PDT/2012 du 27 janvier 2012 du Président de la Fédération Camerounaise de Football portant nomination des membres des Commissions de la Fédération Camerounaise de Football ;

Vu la décision N° 004/FCFC/CEFP/2012 du 12 avril 2012 de la Commission d'Ethique et de Fair-play ;

Vu les recours le 1er en date du 18 mai 2012 présenté par AGBOR Kelvin, joueur de Tiko United et le 2nd sans date introduit par BOM YANG Fernando, joueur de Young Sport Academy de Bamenda, déposé et enregistré le 22 mai 2012 sous le n° 1921 au service du courrier arrivée de la FECAFOOT

L'an deux mille douze et le cinq du mois de mai, la Commission de Recours composée de Messieurs :

- MAZOU ABDOULAYE :   Président,
- SCHLICK Gilbert :   Vice-président
- MBANG MOUBEI Parfait Rapporteur
- MVOGO ELOUNDU   Membre
- BOUM Albert   #
- NOUNGUI Pierre   #

Six membres sur sept étant présents, la Commission peut valablement délibérer.

Considérant que par décision n° 2012/004/FCF/CEFP du 12 avril 2012, susvisée, la Commission d'Ethique et de Fair-play de la FECAFOOT, à la requête du Manager Général de Coton Sport FC de Garoua, a, pour comportement contraire à l'éthique, infligé à AGBOR Kelvin, joueur de Tiko United, la sanction d'interdiction d'exercer toute activité relative au football pour une durée de dix huit (18) mois et à BOM YANG Fernando, joueur de Young Sport Academy de Bamenda la sanction d'interdiction d'exercer toute activité relative au football pour une durée de neuf (09) mois ;

Qu'elle a condamné AGBOR Kelvin à payer à Coton Sport FC de Garoua la somme de 3 500 000 (trois millions cinq cent mille) F CFA et BOM YANG Fernando à payer à Coton Sport FC de Garoua la somme de 2 000 000 (deux millions) de F CFA ;

Considérant que ladite décision est déférée à la Commission de Recours par AGBOR Kelvin et BOM YANG Fernando par requête reçue à la Fédération le 22 mai 2012 pour BOM YANG Fernando et par recours en date du 18 mai 2012 pour AGBOR Kelvin ;

Que publiée sur le site de la FECAFOOT (www.fecafootonline.com) le 15 mai 2012, les appelants, sans attendre que celle-ci leur soit notifiée, ont respectivement déposé leurs recours les 22 et 18 mai 2012 et versé les cautions suivant quittances n° 0000643 du 22 mai 2012 et 0000639 du 18 mai 2012 ;

Considérant que leurs recours, intervenus dans les forme et délai fixés par les Statuts et Règlements de la FECAFOOT, sont recevables ;

Considérant qu'il est constant que AGBOR Kelvin a signé en juillet 2010 un contrat professionnel avec Coton Sport FC de Garoua moyennant 3 000 000 FCFA au titre de prime de signature et 500 000 F au titre de prime d'installation alors qu'il n'était pas libre du contrat qui le liait à Tiko United ;

Que de même, avant l'ouverture de la saison sportive 2010-2011, BOM YANG Fernando, sans rompre son contrat avec le club Young Sport Academy de Bamenda, a signé un autre contrat de travail avec Coton Sport FC de Garoua pour 2 500 000 FCFA dont 2 000 000 F au titre de prime de signature et 500 000 F au titre de prime d'installation ;

Qu'il a remboursé 500 000 F sur le total perçu ;

Considérant que les joueurs mis en cause sont assujettis aux Statuts et Règlements, au Code Disciplinaire et d'Ethique de la FECAFOOT ;

Qu'ils sont tenus de se comporter avec dignité, intégrité et crédibilité ;

Qu'ils sont entrés en violation des articles 3 (4, 5) du Code d'Ethique ;

Que dès lors, la Commission d'Ethique et de Fair-play a fait à leur encontre une saine application des dispositions notamment des articles 17 (1) du Code d'Ethique, 12 (2) du Code Disciplinaire, 80 (2 f) des Statuts de la FECAFOOT ;

Qu'il échet de confirmer sa décision.

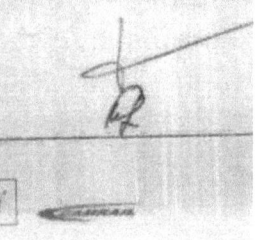

PAR CES MOTIFS

Statuant à l'unanimité des membres présents et en dernier ressort,

EN LA FORME

Reçoit les recours d'AGBOR Kelvin et BOM YANG Fernando.

AU FOND

Les rejette et en conséquence, confirme la décision attaquée.

Fait à Yaoundé, le 15 juin 2012

LE PRÉSIDENT,

MAZOU Abdoulaye

LE RAPPORTEUR,

BOUM Albert

Annexe IV

Tableau confessionnel légal de la République du Cameroun

(Jusqu'au 12 février 2009)

N°ORDRE	DENOMINATION	SIEGE	ACTE D'AUTORISATION
1	Société Missionnaire Baptiste Européenne (Suisse)	Zurich	Décision n°5851 du 16 novembre 1952
2	Assemblée Chrétienne Témoins du Christ	Douala	Lettre n°131/INT/2 du 29 juin 1960
3	Mission Catholique Romaine	Yaoundé	Décision n°16/ATEF/APA/ 2 du 200 février 1962
4	Presbyterian Church in Cameroon (PCC)	Buea	Letter n°1 du 14 avril 1962
5	Église Presbytérienne Camerounaise (EPC)	Yaoundé	Décision n°55/ATF/2 du 14 juillet 1963
6	Église Protestante Africaine du Cameroun (EPA)	Lolodorf	Décision n°26/ATF/AT/2 du 25 février 1964
7	Église Évangélique Luthérienne du Cameroun, devenue Église Évangélique Luthérienne au Cameroun	N'Gaoundéré	Décision n°63/ATF/AG2/2 du 3 juillet 1967
8	Église Apostolique du Cameroun	Kumba	Décret n°68/DF/246/2 du 10 juillet 1968
9	Église Fraternelle Luthérienne du Nord-Cameroun	Kaélé	Décret n°69/DF/154 du 26 avril 1969
10	Full Gospel Mission du Plein Évangile	Muyuka	Décret n°69/DF/246 du 26 avril 1969
11	Église Frontières Globales	Kumba	Décret n°69/DFD/418 du 20 Octobre 1969
12	Assemblée Spirituelle Nationale des Béhaistes	Limbé	Décret n°68/DF/436 du 8 novembre 1969

13	Union des Églises Évangéliques au Nord-Cameroun	Mokolo	Décret n°70/DF/-5 du 13 janvier 1970
14	Église Presbytérienne Camerounaise Orthodoxe (EPCO)	Yaoundé	Décret n°70/DF/88 du 18 février 1970
15	Union des Églises Baptistes du Cameroun (UEBC)	Douala	Décret n°71/DF/518 du 20 octobre 1971
16	World Wide Mission	Muyuka	Décret n°71/DF/608 du 3 décembre 1971
17	Église du Christ	Kumba	Décret n°71/DF/619 du 14 décembre 1971
18	La Vraie Église de Dieu du Cameroun	Yaoundé	Décret n°71/DF/639 du 31 décembre 1971
19	Église Baptiste Camerounaise (EBC)	Douala	Décret n°72/DF/87 du 16 février 1972
20	Congrégation Baptiste Camerounaise	Douala	Décret n°74/34 du 19 janvier 1974
21	Église Évangélique du Cameroun	Douala	Décret n°74/DF/853 du 14 octobre 1974
22	Association Culturelle Islamique Cameroun (ACIC)	Yaoundé	Décret n°88/319 du 7 mars 1988
23	Église Anglicane	Douala	Décret n°89/143 du 27 janvier 1989
24	Cameroon Baptist Convention (CBC)	Bamenda	Décret n°90/DF/838 du 4 mai 1990
25	Mission de l'Église Évangélique Camerounaise	Douala	Décret n°91/257 du 30 mai 1991
26	Lutheran Chruch of Cameroon	Kumba	Décret n°91/257 du 30 mai1991
27	Église Baptiste Nationale du Cameroun	Minyungu	Décret n°91/381 du 16 août 1991
28	Église Biblique de la Vie profonde	Yaoundé	Décret n°91/484 du 3 décembre 1991
29	Association Solidaire de la Vocation Islamique du Cameroun(ASSOVIC)	Yaoundé	Décret n°92/032 du 27 février 1992

30	Église Universelle de Dieu	Yaoundé	Décret n°92/172 du 27 août 1992
31	Église Néo-apostolique du Cameroun	Yaoundé	Décret n°92/225 du 30 octobre 1992
32	Église Jean Baptiste du Cameroun	Sangmélima	Décret n°92/226 du 30 octobre 1992
33	Union Islamique du Cameroun	Douala	Décret n°92/236 du 13 novembre 1992
34	Les Témoins de Jéhovah du Cameroun	Yaoundé	Décret n°93/043 du 3 février 1993
35	La Vie au Cameroun	Yaoundé	Décret n°93/144 du 28 mai 1993
36	Apostolic Faith Church	Bangem	Décret n°93/158 du 9 juin 1993
37	Église Messianique et Évangélique du Cameroun	Yaoundé	Décret n°93/171 du 1 juillet 1993
38	The Church of Jesus-Christ of later days saints	Yaoundé	Décret n°93/287 du 9 septembre 1993
39	Mission Chrétienne du Cameroun	Nko'emvon	Décret n°93/287 du 21 octobre 1993
40	The Grace Bible Church in Cameroon	Yaoundé	Décret n°94/067 du 7 novembre 1994
41	Church of God of Prophecy	Kumba	Décret n°96/067 du 4 avril 1996
42	The Native Church of the Cameroon	Ndombakossi	Décret n°98/047 du 27 mars 1998
43	Union des Églises Adventistes du 7e jour en Afrique Centrale	Yaoundé	Décret n°98/049 du 27 mars 1998
44	Union Baptiste Camerounaise	Douala	Décret n°98/050 du 27 mars 1998
45	Mission Évangélique Vie et Paix du Cameroun	Douala	Décret n°98/302 du 18 novembre 1998
46	Église Pentecôtiste Chrétienne du Cameroun	Yaoundé	Décret n°98/359 du 29 décembre 1998
47	La Sainte Métropole Gréco-orthodoxe du Cameroun	Yaoundé	Décret n°070 du 12 février 2009

Annexe V

Liste des associations reconnues d'utilité publique conformément a la loi sur la liberté d'association

(Jusqu'au 18 Novembre 2008)

N°	DENOMINATION	BUT	SIEGE	ACTE RECONNAISSANCE
1	Croix-Rouge Camerounaise	Social	Yaoundé	Décret n° 70/DF du 12/10/1970
2	Société Camerounaise d'Abstinence	Social	Douala	Décret n° 67/DF/6 du 06/06/1967
3	FENAHCAM	Social	Douala	Décret n°71/DF/315 du 19/9/1971
4	Centre National de Rééducation des Handicapés	Social	Yaoundé	Décret n°7111/DF du 15/04/1971
5	Fondation Helvétique Hôpital Zinah	Socio-	Kousséri	Décret n°77/155 du 25/05/1977
6	Fondation Médicale Ad Lucem du Cameroun	Socio-médical	Efok (Obala)	Décret n° 88/1129 du 03/08/1988
7	Fondation pour l'Éducation et la Promotion des Personnes Déficientes Auditives	Social	Yaoundé	Décret n° 88/1176/du8/10/1988
8	Centre de Littérature Évangélique	Social	Yaoundé	Décret n°91/380 du 16/08/1991
9	Emmaüs Cameroun Afrique Solidarité « ECAS »	Social	MOM-DIBANG	Décret n°92/044 du 10/03/1992
10	Fondation Francette et Pierre Legris	Social	OMBESSA	Décret n°94/064 du 06/04/1994
11	Agriculture-Agro-industrie Communication	Social	Douala	Décret n°95/134 du 24/07/1995
12	Fondation Chantal BIYA	Social	Yaoundé	Décret n°99/098 du 03/05/1999
13	Fondation pour l'Environnement et le Développement au Cameroun (FEDEC)	Social	La Haye (Pays-Bas)	Décret n°2001/348 du 16/11/2001
14	Cameroon Mountain Concervation Foundation	Social	Limbé	Décret n°2003/062 du 03/04/2003

15	Association pour l'Assistance Sanitaire en Milieu Rural et Urbain (ASSMIR)	Social	Douala	Décret n°2004/115 du 03/05/2004
16	Enfance Joyeuse de Cameroun	Social	Douala	Décret n°2006/124 du 17 avril 2006
17	LOLOKRI	Social	Douala	Décret n°2006/159 du 11 mai 2006
18	Le centre d'Accueil de l'Espoir	Social	Yaoundé	Décret n°2006/109 du 23 mars 2006
19	Association Camerounaise pour la Promotion de l'École Maternelle	Social	Yaoundé	Décret n°200/235 du 25 juillet 2006
20	Fondation Bethléen de Mouda	Social	Mouda (Moutourwa)	Décret n°2007/004 du 03 janvier 2007
21	Fondation ETO'O Samuel Sport (FUNDESPORT)	Social	Douala	Décret n°2008/383 du 18 novembre 2008

Annexe VI

ONG agréées par le ministre d'Etat, ministre de l'Administration territoriale et de la Décentralisation

(Jusqu'au du 18 juillet 2011)

1) Les Centres d'Accueil de l'Espoir (CAES)

Arrêt n° 000206/A/AMINATD/DAPSDLP/SAC du 08 juillet 2003

Siège : Yaoundé, BP : 6905

Objet : Contribution aux activités de lutte contre le VIH/SIDA, notamment par l'encadrement des enfants et jeunes femmes en détresse (santé et affaires sociales).

Présidente : Sœur MEWOULOU Marie Thérèse Brigit

Tél. 22-31-04-62/22-31-10-79/77-67-14-41

2) Organisme de Développement, d'Etude, de Formation et de Conseils au Cameroun (ODECO)

Arrêté n°000208/AMINATD/DAP/SDLP/SAC du 08 juillet 2003

Siège : Yaoundé, BP : 4263

Objet : Accompagner les organisations partenaires dans leur processus de professionnalisation (appui au développement local).

Directrice : Mme Sylvie MBOG

Tél. 22-23-39-84/77-70-55-07

3) Organisation des Femmes pour la Santé, la Sécurité Alimentaire et le Développement (OFSAD)

Arrêté n°00385/A/MINATD/DAP/SDLP/SAC du 20 novembre 2003

Siège : Yaoundé, BP : 13683

Objet : Contribution au bien-être de l'homme et notamment de la femme et de sa progéniture (Santé).

Présidente : Mme KENFACK née TOLEVI

Tél 77-75-95-52 / 22-30-25-96

4) Service d'Etudes et d'Appui aux Populations à la Base (SEAPB)

Arrêté n° 0384 /A/MINATD/DAP/SDLP/SAC du 20 novembre 2003

Siège : Yaoundé, BP : 14499

Objet : Promouvoir le développement par la participation des individus (appui au développement local).

Président : Mr. SOUK NJAGWES Benjamin
Tél. 22-21-32-00 / 99-78-88-67

5) Femmes-Santé-Développement en Afrique Subsaharienne (FESADE)

Arrêté n°387/A/MINATD/DAP/SDLP/SAC du 20 novembre 2003

Siège : Yaoundé, BP : 724

Objet : Offrir aux femmes des compétences pour améliorer leur participation à la résolution de leurs problèmes de santé, ceux de leurs familles et de leurs communautés (santé).

Coordinatrice : Mme MOUNLOM Damaris

Tél. 22-23-42-32

6) Rural Foundation (RF)

Arrêté n° 387 /A/MINATD/DAP/SDLP/SAC du 20 novembre 2003

Siège : Buea, BP : 243

Objet : Apporter aux communautés des zones rurales défavorisées, la formation et l'assistance nécessaires à la réalisation des projets d'intérêt commun (appui au développement local).

Executive Director: Mr. EGBENCHUNG John EGBE

Tél. 77-88-10-31

7) Mouvement International Contre la Pauvreté en Afrique-Cameroun (MIPACAM)

Arrêté n°386/A/MINATD/DAP/SDLP/SAC du 20 novembre 2003

Siège : Yaoundé, BP : 8258

Objet : Entreprendre et mener toute action de nature à favoriser l'épanouissement des populations démunies au Cameroun (appui au développement local).

Président : Mr KIMAKA Dieudonné
Tél. 77-76-59-90

8) Ecole et Développement (E&D)

Arrêté n° 0049/A/MINATD/DAP/SDLP/SAC du 09 mars 2004
Siège : Yaoundé, BP : 5123

Objet : Développer l'institution de l'enseignement primaire, secondaire, universitaire, technique et agricole ; aider à la scolarisation des élèves et étudiants nés des familles déshéritées ; aider à la vulgarisation de l'outil informatique dans les milieux scolaires en général avec une emprise particulière dans les institutions scolaires des zones rurales.

Président : Mr MILINGUI Roger
Tél. 22-23-02-44

9) Save our earth (S.O.E)

Arête n°419/AMINATD/DAP/SDLP/SAC du 26 novembre 2004

Siège : Yaoundé, BP : 5613

Objet : Lutte conte les avancées de la désertification, la déformation, les catastrophes écologiques ; sensibilisation du public au respect de l'environnement.

Président : Mr. Jean ETOL
Tél. 22-22-40-71/77-66-84-14

10) Association Enfants, Jeune et Avenir (ASSEJA)

Arrêté n° 420/AMINATD/DAP/SDLP/SAC du 26 novembre 2004

Siège : Yaoundé, BP : 5988

Objet : Travailler pour l'intégration sociale des enfants, l'insertion socioéconomique des jeunes désœuvrés ou en difficulté, éduquer les couches défavorisées en leur inculquant une formation technique et professionnelle.

Président: Mr. OWONO Wilfried, Diocèse d'Obala.

11) Cameroon National Association For Family Welfare (CAMNAFAW)

Arrêté n° 0011/AMINATD/DAP/SDLP/SONG du 26 janvier 2010

Siège : Yaoundé, BP : 11994

Objet : Promouvoir le bien-être social et la parenté responsable, promouvoir le bien-être individuel et collectif à travers des informations en particulier, de population et de développement en général ; assurer un accès facile à l'information, à l'éducation et au service de santé de reproduction.

Président :
Tél. 22-23-62-30-/22-22-92-37

12) Groupe des promoteurs d'Eau Potable et des soins de santé sans Frontière (Groupe PESSAF)

Arrêté n° 00421/AMINATD/DAP/SDLP/SAC du 26 novembre 2004

Siège : Yaoundé, BP : 4270

Objet : La promotion de l'approvisionnement en eau potable, l'assainissement environnemental, l'éducation sanitaire, les soins de santé et l'assistance des populations, notamment des femmes et des enfants vivant en milieu rural ; l'encadrement des populations en matière d'aménagement des points d'eau et du traitement de l'eau, la construction des latrines, la gestion des ouvrages hydrauliques et d'assainissement ; la promotion de l'écotourisme.

13) Centre d'Accompagnement de Nouvelles alternatives de développement local (CANADEL)

Arrêté n° 424/A/MINATD/DAP/SDLP/SAC du 29 novembre 2004

Siège : Yaoundé, BP : 3799

Objet : Accompagner les initiatives et le processus de développement à la base, en faisant des bénéficiaires de ces actions de développement, les principaux acteurs du début jusqu'à la fin.

Coordonnateur général : M. MINLA MFOU'OU Jeannot

Tél. 22-21-31-40 / 22-21-53-89

14) Cellule d'appui et de Formation (CAFOR)

Arrêté n° 425/A/MINATD/DAP/SDLP/SAC du 29 novembre 2004

Siège : Maroua, BP : 80

Objet : - Susciter les initiatives populaires pour la promotion d'un développement par les populations elles-mêmes ;

- Apporter aux communautés de base un appui dans les domaines de la formation, de l'éducation, de la consultation et de la production agropastorale.

Président : M. RISSOUK à MOULONG Martin

Tél. 22-29-26-04

15) Arc en Ciel (AEC)

Arrêté n° 000420/A/MINATD/DAP/SDLP/SAC du 26 novembre 2004

Siège : Yaoundé, BP : 13231

Objet : - Renforcer les capacités d'intervention des communes en suscitant une dynamique de développement qui implique tous les acteurs ;

- Renforcer les capacités des acteurs de développement local.

Coordonnateur : M. TALLY OSONO

Tél. 77-31-55-40 / 99-82-39-47 / 22-22-48-73

16) Global village Cameroon (GVC)

Arrêté n° 158/A/MINATD/DAP/SDLP/SONG du 22 octobre 2008

Siège : Yaoundé, BP : 3158

Objet : La protection de l'environnement et le développement durable.

Président : Mr. KOUEDA KOUNG Jean

Tél. 22-23-31-52 / 99-93-66-58

17) Mouvement National des Consommateurs (MNC)

Arrêté n° 159/A/MINATD/DAP/SDLP/SONG du 22 octobre 2008

Siège : Yaoundé, BP : 4074

Objet : Promouvoir, participer et défendre à travers le territoire du Cameroun, les droits et les intérêts économiques des consommateurs tels qu'ils sont reconnus aux citoyens par les mécanismes juridiques nationaux et internationaux.

Président : M. ISSI Alphonse

Tél. 22-22-30-02- / 99-96-65-47

18) Cercle International pour la Promotion de la Création (CIPCRE)

Arrêté n° 160/A/MINATD/DAP/SDLP/SONG du 22 octobre 2008

Siège : Bafoussam, BP : 1256

Objet : Amener les populations, hommes et femmes, à prendre en charge leur développement, en relation avec la problématique écologique.

Président : Mgr Jean Bosco NTEP

Tél : 33-44-66-68 / 99-68- 95-14

19) Care and Health Program (CHP)

Arrêté n° 002/A/MINATD/DAP/SDLP/SONG du 6 janvier 2009

Siège : Yaoundé, BP : 30 830

Objet : Apporter un appui aux pouvoirs publics dans la lutte contre le cancer.

Président : Dr Paul NDOM

Tél : 77-77-92-86

20) Care and health program (CHP)

Arrêté n° 002/A/MINATD/DAP/SDLP/SONG du janvier 2009

Siège : Yaoundé, BP : 2338

Objet : Promouvoir et soutenir les projets de développement et de santé en faveur des populations au Cameroun.

Président : M. Ubald TAMOUFE

Tél : 22-21-31-16 / 99-50-77-66

21) Africa Hope Challenge (AHC)

Arrêté n° 016/AMINATD/DAP/SDLP/SONG du 22 février 2004

Siège : Yaoundé, BP. 31341

Objet : Susciter l'espérance chez les plus pauvres et œuvrer pour leur développement, leur épanouissement et leur promotion humaine intégrale.

Président : Mgr BAYEMI MATJEI Sosthène Léopold

Tél. 22-01-83-95

22) Association Camerounaise pour le Marketing Social (ACMS)

Arrêté n° 17/A/MINATD/DAP/SDLP/SONG du 23 février 2011

Siège : Yaoundé, BP. 14 025

Objet : Concourir, avec les autres intervenants du secteur santé et développement, à la conception et la mise en œuvre des stratégies permettant d'améliorer le bien-être des populations camerounaises ; promouvoir la santé et la prospérité des familles.

Président du conseil d'administration : M. NGUIDJOE NYAM Adalbert

Tél. 22-21-94-19 / 22-21-01-53

23) Association Camerounaise des Femmes Juristes (ACAFEJ)

Arrêté n° 18/AMINATD/DAP/SDLP/SONG du 23 février 2011

Siège : Yaoundé, BP. 14057

Objet : Apporter son concours à l'édification du droit camerounais, plus particulièrement à l'élaboration des lois qui régissent la condition de la femme et de l'enfant ; apporter une assistance juridique et judiciaire aux femmes et aux enfants victimes de violation de leurs droits en particulier, et au public en général ; lutter contre toutes discriminations à l'égard de la femme et de l'enfant et améliorer les conditions juridique, sociale économique et culturelle de la femme et de l'enfant ; établir des relations et des échanges d'idées entre les femmes juristes et les milieux juridiques et judiciaires.

Présidente : Mme DJESSI NDINE Aleine

Tél. 22-21-79-51- / 99-82-38-93

24) Organisation Camerounaise d'aide aux Personnes sans Emploi (OCAMPE)

Arrêté n° 0019/A/MINATD/DAP/SDLP/SONG du 23 février 2011

Siège : Yaoundé, B : 25 621

Objet : Lutter contre la pauvreté et promouvoir l'économie nationale.

Président : M. YOHI Emmanuel

Tél. 97-51-98-47

25) Association internationale pour la protection de l'Environnement en Afrique (ENVIRO-PROTECT)

Arrêté n° 020/A/MINATD/DAP/SDLP/SONG du 23 février 2011

Siège : Yaoundé, BP : 13 623

Objet : contribuer à assurer de meilleures conditions de vie aux populations d'Afrique et, plus particulièrement, dans la sous-région d'Afrique centrale, par la promotion de la protection et de l'amélioration de l'environnement, et la gestion des ressources naturelles.

Président : Dr TIANI KEOU François

Tél : 22-23-76-20

26) Helen Keller international-Cameroon (HKI-CAMEROON)

Arrêté n° 061/A/MINATD/DAP/SDLP/SONG du 18 juillet 2011

Siège : Yaoundé, BP : 14227

Objet : Construire un partenariat véritable avec les autorités camerounaises, les communautés et les autres partenaires impliqués dans le secteur de la santé, en vue de sauver la vue et la vie des personnes les plus vulnérables et désavantagées en combattant les causes et les conséquences de la pauvreté et la recherche scientifique dans les domaines de la vue et de la nutrition.

Directeur national : Dr Xavier CRESPIN

Tél. 22-21-08-48

27) Nkunu Fed Fed

Arrêté n° 062/A/MINATD/DAP/SDLP/SONG du 18 juillet 2011

Siège : Bali Nyonga, BP : 126

Objet : Promouvoir le développement économique et social à travers le renforcement des capacités des femmes, des filles et des jeunes des communautés rurales.

Présidente nationale : Mme Prudence GALEGA

Tél. 77-97-63-67 / 75-10-71-26

28) Building Capacities for Better Health in Africa Cameroon (BCH AFRICA-CAMEROON)

Arrêté n° 063/A/MINATD/DAP/SDLP/SONG du 18 juillet 2011

Siège : Douala, BP : 4100

Objet : Contribuer à la promotion de la santé par des actions de plaidoyer, de mobilisation sociale et des communautés, les secteurs sanitaire et non sanitaire, ainsi que la société civile en faveur de la réalisation optimale des objectifs du gouvernement en matière de développement socio-sanitaire durable.

Directeur exécutif : M. KONDJI Dominique

Tél. 99-84-52-35 / 99-88-73-95

Annexe VII

Organisations non gouvernementales unipersonnelles

(Jusqu'au 25 juin 2010)

1) Ligue pour l'Éducation de la femme et de l'Enfant (LEFE)

Arrêté n° 78/A/MINATD/DAP/SDLP/SDLP du 21 mai 2008

Siège : Yaoundé, BP : 14702

Object : Œuvrer par l'éducation, la formation, l'information et la sensibilisation au plein épanouissement de la femme et de l'enfant, en vue de leur participation active au développement du Cameroun.

Promotrice : Mme Pauline BIYONG
Tél. 99-84-33-35-

2) Foundation for Research and Education (F.RE.E)

Arrêté n° 177/A/MINATD/DAP/SDLP/SDLP du 09 décembre 2009

Siège : Yaoundé, BP : 6052

Objet : Promouvoir la recherche, le conseil, la formation et l'éducation dans divers domaines.

Promotrice : Dr MANGUELLE-DICOUM née BIYONG Adèle Marthe
Tél : 22-23-97-13 / 99-94-53-07.

3) Encadrement des mineures en Détention (EMINED)

Arrêté n° 00207/A/MINATD/DAP/SDLP/SAC du 25 mai 2004

Siège : Yaoundé, BP : 30406

Objet : Contribuer à l'amélioration des conditions de vie des mineures en milieu carcéral et à la préparation de leur réinsertion sociale.

Promoteur : Mr Pierre AONE

Tél.

4) Rendez-vous santé

Arrêté n° 0060/A/MINATD/DAP/SDLP/SAC du 05 avril 2004

Siège : Yaoundé, BP. 15995

Objet : Venir en aide en matière de santé aux populations démunies des villages et à celles des institutions carcérales.

Promoteur : Mr ENGUENE MENGUE Cyprien

Tél.

5) Partenariat pour le développement par la promotion de l'Enseignement Supérieur au Cameroun SUP-DEVELOPPEMENT CAMEROUN)

Arrêté n° 12/A/MINATD/DAP/SDLP/SDLP du 02 février 2007

Siège : Yaoundé, BP. 8390

Objet : Promouvoir les partenariats multiformes entre l'État, le secteur privé, les partenaires au développement et les institutions publiques ou privées, nationales ou étrangères dans le domaine de l'enseignement supérieur.

Promoteur : Mr Jean Perrial NYODOG

Tél. 22-22-87-49 /22-03-02-33-/77-67-60-20

6) FONDATION Apollinaire ZOGNING pour la maîtrise des risques et catastrophes (Fondation AZOMARC)

Arrêté n° 27 /A/MINATTD/ DAT/ SDLP du 06 février 2007

Siège : Yaoundé

Objet : Contribuer à la promotion des actions de prévention et de gestion des risques et des catastrophes.

Promoteur : Dr ZOGNING Apollinaire

7) Programme d'Appui aux Actions Rurales de Développement Industriel et Commercial (PARDDIC)

Arrêté n° 45/A/MINATD/SDP/ SONG du 1er avril 2009

Siège : Yaoundé, BP. 12 627

Objet : Concevoir et vulgariser les projets intégrateurs pour accroître l'efficience de la production et de la transformation, en vue de combattre la pauvreté.

Promoteur : Mr. KOUYA Luc René

Tél. 22-09-40-03 /99-52-11-27

8) Computer Assistance in Cameroon (C.A.C)

Arrêté n° 90 /A/MINATD/ DTP/ SDLP du 29 mai 2009

Siège : Yaoundé, BP. 14 350.

Objet : Réduire la fracture numérique au sein de la population camerounaise, par la vulgarisation et la formation gratuite à l'utilisation des Nouvelles technologies de l'information et de la communication.

Promoteur: Mr. LEKE BETECHUOH Casimir
Tél. 96-36-34

9) Debyman

Arrêté n° 114/A/MINATD/ DTP/SDLP du 23 juin 2009

Siège: Yaoundé, BP. 6816

Objet : Œuvrer pour l'épanouissement et la dignité de la femme rurale, en vue de sa participation au développement du Cameroun.

Promotrice : Mme. NDEMO Marie Noëlle
Tél. 77-78-16-89/ 77-68-65-05

10) Vision d'Afrique

Arrêté n° 122 /A/MINATD/ DAP/ SDLP du juillet 2009

Siège : Sangmélima.

Objet : Œuvrer à l'encadrement et à l'insertion sociale des enfants en détresse.

Promoteur : Mr. ELOMO Sylvain. BP : 7256 Yaoundé

Tél. 99-64-86-84

11) Conduire sans Accident (COSA)

Arrêté n°149/A/MINATD/DAP/SDLP/SONG du16 septembre 2009

Siège : Yaoundé, BP : 33868.

Objet : Lutter contre l'insécurité routière et les accidents de la circulation au Cameroun.

Promoteur : Mr. TCHUISSEU Samuel

Tél. 77-25-74-50

12) Groupe Santé pour Tous (GST)

Arrêté n° 187 /A/MINATD/DAP/ SDLP du 31 décembre 2009

Siège : Yaoundé, BP : 8125.

Objet : Contribuer à l'amélioration du niveau de santé des populations.

Promoteur: Mr. MBETENGAM RICHARD

Tél. 77-74-18-31

13) Foundation Maranatha service and Actions Mouen & Mouen (MASA&M)

Arrêté n° 008/A/ MINATD/ DAP/SDLP/ SONG du 22 janvier 2010

Siège : Douala, BP. 24084.

Objet : Promouvoir des actions et des services spécifiques pour aider les populations marginalisées à atteindre un développement intégral en sortant de la pauvreté

Promotrice : Madame MOUEN Mispa

Tél. 99-98-81/79-84-90-02

14) Caroline Joséphine BELINGA (CAJOBEL)

Arrêté n° 30/A/ MINATD/ DAP/ SDLP/SONG du 02 mars 2010

Siège : Yaoundé, BP. 4942.

Objet : Lutter contre la pauvreté en réduisant, la morbidité et la mortalité des maladies telles que le VIH/ SIDA, le paludisme, la tuberculose, l'hypertension artérielle et autres.

Promotrice : Madame BELINGA ATEBA NOMO Joséphine Marie Françoise caroline, épouse NDZIE ANDZE

Tél. 75-17-90-06 /99-22-26-01

15) Fondation Hudry Towo

Arrêté n° 73 /A/MINATD/ DAP/ SDLP du 25 juin 2012-09-12

Siège : Yaoundé, BP : 14 038.

Objet : Améliorer les conditions de vie des populations rurales en luttant contre les discriminations et les fléaux tels que la prostitution des jeunes filles et l'exode rural des jeunes, et en facilitant l'épanouissement des populations dans leurs initiatives de développement.

Promotrice : Madame Marie Thérèse HUDRY TOWO.

Tél: 99-26-38-45/99-58-10-15/96-0780-72.

16) Femmes et Métiers

Arrêté n° 74 /A/ MINATD/ DAP/ SDLP du 25 juin 2010

Siège : Yaoundé, BP : 14 360.

Objet : Participer à la lutte contre le chômage et la pauvreté, notamment par la formation des jeunes filles désœuvrées et sans qualification professionnelle aux métiers de la couture et de la broderie, en vue de leur auto emploi.

BIBLIOGRAPHIE

I. OUVRAGES ET THESES

-- **BAYART** Jean François, **L'État au Cameroun**, Paris, FNSP, 1979.

-- **BERNARD** Paul, **La notion d'ordre public en droit administratif**, Paris, L.G.D.J., 1962.

-- **BIYA** Paul, **Pour le libéralisme communautaire**, Paris, Éd. P.M. Favre, 1986

-- **BRAUD** Philippe, **La notion de liberté publique et ses implications en droit français**, Paris, LGDJ, 1968.

-- **BURDEAU** Georges, **Les libertés publiques**, Paris, LGDJ, 1966.

-- **CHAPUS** René, **Droit administratif général**, Paris, Montchrestien, 1990, Tome 1.

-- **Collectif changer le Cameroun, Le Cameroun éclaté : anthologie des revendications ethniques**, Yaoundé, Editions C3, 1992.

-- **CONAC** Gérard (sous la direction de), **Les Cours Suprêmes en Afrique**. Tome 3, Paris, Economica, 1988.

-- **DEBBASCH** Charles et **BOURDON** Jacques, **Les associations**, Paris, PUF, Collection Que sais-je ? 1985.

-- **DE LAUBADERE** André, **Traité de droit administratif**. Tome 3, Volume 1, 2ème édition, Paris, LGDJ, 1971.

-- **DEMICHEL** André, **Le contrôle de l'État sur les organismes privés. Essai d'une théorie générale**, Paris, LGDJ, 1960. 2 tomes.

-- **EYINGA** Abel, **Démocratie de Yaoundé. Tome 1. Syndicalisme d'abord, 1944-1946**, Paris, L'Harmattan, 1985.

-- **FAUPIN** Hervé **Le contrôle du financement de la vie politique, partis et campagnes**, Paris, LGDJ, 1998.

-- **FOGUI** Jean-Pierre, **L'intégration politique au Cameroun. Une analyse centre-périphérie**, Paris, LGDJ, 1990.

-- **GALLON** G.A., « **Le service de la répression des fraudes et du contrôle de la qualité** », Thèse Droit, Paris II, 1973.

-- **GAUDEMET** Paul-Marie et **MOLINIER** Joël, **Finances publiques. Emprunt/Fiscalité**. Tome 2, Paris, Montchrestien, 1988.

-- **GONIDEC** Pierre-François, **Les systèmes politiques africains**, 2ème éd. Paris, LGDJ, 1978.

-- **HOSTIOU** René, **Procédure et formes de l'acte administratif unilatéral**, Paris, LGDJ, 1974.

-- **KAMTO** Maurice, **Pouvoir et droit en Afrique Noire. Essai sur les fondements du constitutionalisme dans les États d'Afrique Noire francophone**, Paris, LGDJ, 1987.

-- **Droit administratif processuel du Cameroun. Que faire en cas de litige avec l'Administration ? Guide pratique**, Yaoundé, Presses Universitaires du Cameroun, 1990.

-- **LANGROD** Georges, (sous la direction de), **Traité de science administrative**, Paris, Mouton, 1966.

-- **LEPELTIER** D. et **STREIFF** Y., **Associations, fondations, congrégations**, Paris, GLN JOLY, 1994.

-- **LIVET** Pierre, **L'autorisation administrative préalable et les libertés publiques**, Paris, LGDJ, 1974.

-- **MARTRES** Jean Louis, « **Caractères généraux de la police économique** », Thèse Droit, Bordeaux, 1964.

-- **MBOME** François, « **L'État et les églises au Cameroun** », Thèse de Doctorat d'État en Science Politique, Université de Paris I, 1979.

-- **MESCHERIAKOFF** Alain-Serge, **Le droit administratif ivoirien**, Paris, Economica, 1982.

-- **NGONGO** Louis Paul, **Histoire des forces religieuses au Cameroun : de la Première Guerre mondiale à l'indépendance (1916-1955)**, Paris, Karthala, 1982

-- **MOURGEON** Jacques, **La répression administrative**, Paris, LGDJ, 1967.

-- **NDONGMO** Jean-Louis, « **Le dynamisme Bamiléké** », Thèse Géographie, Université de Paris X, publiée en 2 volumes à Yaoundé, CEPER, 1982.

-- **NEGRIN** Jean Paul, **L'intervention des personnes morales de droit privé dans l'action administrative**, Paris, LGDJ, 1971.

-- **NEZARD**, « **Principes généraux du droit disciplinaire** », Thèse, Paris, 1903.

-- **NLEP** Roger G, **L'administration publique camerounaise. Contribution à l'étude des systèmes africains d'Administration publique**, Paris, LGDJ, 1986.

-- **PICARD** Etienne, **La notion de police administrative**, 2 Tomes. Paris, LGDJ, 1984.

-- **POUGOUE** Paul-Gérard, **Droit du travail et de la prévoyance sociale au Cameroun**. Tome 1, Presses Universitaires du Cameroun, Yaoundé, 1988

-- **PROUZET** Michel, **Le Cameroun**. Collection Comment ils sont gouvernés ? Tome 27, Paris, LGDJ, 1974.

-- **RIVERO** Jean, **Les libertés publiques**. Tome 1. **Les droits de l'homme**, Paris, PUF, 1987

-- **Les libertés publiques. Tome 2. Le régime des principales libertés**, Paris, Collection Thémis, PUF, 2ème édition. 1969.

-- **ROUX** André, « **La protection de la vie privée dans les rapports entre l'État et les particuliers** », Thèse Droit, Aix-Marseille, 1980.

-- **SINDJOUN** Luc, (sous la direction de), **Comment peut-on être opposant au Cameroun ? Politique parlementaire et politique autoritaire**, Dakar, CODESRIA, 2004.

-- **SOH MBOGNE** Thierry, « **L'opposition au Cameroun à l'ère du retour au pluralisme politique (1990-2010)** », Thèse de Master en Droit public, Université de Dschang, juin 2011, 305 pages.

-- **VENEZIA** Jean-Claude, **Le pouvoir discrétionnaire**, Paris, LGDJ, 1959.

-- **VICHE** Gérard, « **La sanction professionnelle** », Thèse. Droit, Montpellier, 1948.

-- **WEBER** Yves, **L'administration consultative**, Paris, LGDJ, 1968.

II. ARTICLES DE DOCTRINE

-- **ATANGANA** Zang, « **Les partis politiques camerounais** », Recueil *Penant*, 1960, pp. 682-683.

-- **BIDEGARAY** Christian, « **Du confessionnal et du diable : Réflexions sur le statut des partis politiques quarante ans après la fondation de la Vème République** », R.D.P. 1998, p.1814.

-- **BILONG** Salomon, « **Le droit des fédérations sportives au Cameroun, le cas de la FECAFOOT : à propos des sources juridiques récentes** », *Revue Juridique et Économique du Sport* n°45, décembre1997, pp. 91-103.

-- **BOCKEL** Alain, « **Contribution à l'étude du pouvoir discrétionnaire de l'administration** », AJDA, 1978, pp. 335-370.

-- **BOURDON** Jacques et **NEGRIN** Jean-Paul, « **L'inflation législative et réglementaire en France** », A.E.A.P, 1985, pp. 75-102.

-- **CADOUX** Charles, « **La procédure consultative, essai de synthèse** », Annales de l'Université de Lyon, 3ème série Droit, 1960, pp.107 et suivantes.

-- **CAMBY** Jean-Pierre, « **Qu'est-ce qu'un parti politique ou un groupement politique ?** », *Les Petites Affiches*, 7 mars 1997, pp. 14-19.

-- **CHEVALIER** Jacques, «**L'intérêt général dans l'Administration française**», *Revue Internationale de Science Administrative*, 1975, n°4, pp. 325-350.

-- « **L'État-Nation** », R.D.P., 1980, n°4, p. 1278.

-- « **L'association entre public et privé** », R.D.P., 1981, pp. 887-917.

-- **COLLIARD** Claude Albert, « **La sanction administrative** », Annales de la Faculté de Droit d'Aix-en-Provence, 1943, n°6, pp. 3-74.

-- **CONAC** Gérard, « **Le juge et la construction de l'État de droit en Afrique** », **Mélanges G. BRAIBANT**, Paris, Dalloz, 1997, pp.105-199.

-- **DAUVIGNAC** Daniel, « **La politique investie par le droit ? La Commission Nationale des Comptes de Campagnes et des Financements politiques** », *Droit et Politique*, CURAPP, PUF, 1993, pp. 183-188.

-- **DEBBASCH** Charles, « **L'amnistie en matière disciplinaire** », D.1963, 259.

-- **DE GAUDUSSON** Jean Du Bois, « **Le statut de la justice dans les États d'Afrique francophone** », *La justice en Afrique, Afrique contemporaine* n°156 (spécial), La Documentation Française, 1990, pp. 6-12,

-- **DERIEUX** Emmanuel, « **Financement et plafonnement des dépenses électorales** », R.D.P. 1990, pp.1055-1071.

-- **DE ROY** David, « **Associations et subventions : la quadrature du cercle ?** », Revue *Pyramides*, 6/2002, pp.117-134, mis en ligne le 28 septembre 2011. URL : http://pyramides.revues.org/449

-- **DONFACK SOKENG** Léopold, « **L'institutionnalisation de l'opposition : une réalité objective en quête de consistance** », in **SINDJOUN** Luc (dir.), **Comment peut-on être opposant au Cameroun ? Politique parlementaire et politique autoritaire**, Dakar, CODESRIA, 2004.

-- **DOUKENG ZELE** Champlain, « **Quelques réflexions sur la loi relative au financement des partis politiques et des campagnes électorales au Cameroun** », *Juridis Périodique* n°58, avril-mai-juin, 2001, p. 59.

-- **DUPUIS** Georges, « **Les motifs des actes administratifs** », E.D.C.E., 1974-1975. 35.

-- **EMERI** Claude, « **Les partis politiques et les institutions constitutionnelles en France** », *Les Petites Affiches*, 19 avril 1996, pp. 9-14.

-- **GEORGEL** Jacques, « **L'agrément administratif** », AJDA, 1962, pp. 467-492.

-- **GUIMDO** Bernard Raymond, « **Réflexion sur les assises juridiques de la liberté religieuse au Cameroun** », *Les Cahiers de Droit*, Laval, 1999, pp. 791-819.

-- « **La protection juridictionnelle de la liberté religieuse au Cameroun** », *Revue Droit et Cultures* n°42, Université Paris X-Nanterre, 2001/2, 39-56.

--**GUNNAR** Myrdal, « **L'État mou dans les pays sous-développés** », *Revue Tiers Monde*, janvier-mars 1969, tome X, n°37.

-- **HOLLEAUX** André, « **Le phénomène associatif** », *Revue Française d'Administration Publique* n°8, octobre-décembre 1978, pp. 683-725,

-- **KAMTO** Maurice, « **Quelques réflexions sur la transition vers le pluralisme politique au Cameroun** », in G. **CONAC** (sous la direction de), **L'Afrique en transition vers le pluralisme politique**, Paris, Economica, 1993, pp. 209-235.

-- « **Pauvreté et souveraineté dans l'ordre international contemporain** », **Mélanges Paul ISOART**, Paris, Pedone, 1996, pp. 284-305.

-- « **La fonction administrative contentieuse de la Cour Suprême du Cameroun** » in **Les Cours Suprêmes et Hautes Juridictions d'Afrique**, Paris, Economica, 1988, pp. 42 et suivantes.

-- « **Dynamique constitutionnelle du Cameroun indépendant** », *Revue Juridique Africaine* numéros 1, 2 et 3, 1995, pp. 7-49.

--**KAMTO** Maurice et **GUIMDO** Bernard, « **Le silence de l'administration en droit administratif camerounais** », *Lex Lata* n°006, 1994, pp.10-14.

-- **KAPTUE** Léon, « **Droit et syndicalisme au Cameroun. Les Orientations du droit du travail camerounais après la réforme du 14 août 1992** », *Revue Juridique Africaine*, 1994, pages 70 et suivantes.

-- **KEUTCHA TCHAPNGA** Célestin, « **L'obligation de motiver certaines décisions administratives au Cameroun** », *Juridis Périodique*, Revue de Droit et de Science Politique n°31, Yaoundé (Cameroun), juillet-août-septembre 1997, pages 60-66.

– « **L'autorisation tacite, cinq ans après sa consécration en droit positif camerounais** », *Revue Juridique et Politique Indépendance et Coopération* n°3, Paris, septembre-octobre-novembre-décembre 1997, pages 320-336.

– « **Le régime juridique du sursis à exécution dans la jurisprudence administrative camerounaise** », *Juridis Périodique* n°38, avril-mai-juin 1999, pages 83-92.

-- « **Le régime juridique des associations en droit camerounais** », *Revue Marocaine d'Administration Locale et de développement* (REMALD), Rabat, n°36, janvier-février 2001, pp. 37-63.

– « **Le financement des partis politiques et des campagnes électorales au Cameroun (A propos de loi n°2000/015 du 19 décembre 2000)** » Annales de la Faculté des Sciences Juridiques et Politiques de l'Université de Dschang, Tome 10, 2006, pages 273-294.

– « **Désétatisation et nouvelles configurations du pouvoir en Afrique Subsaharienne** », *Afrique Juridique et Politique*, La Revue du CERDIP, Libreville, Gabon, Volume 3, n°5, janvier-juin 2007, pages 35-77.

– « **La réforme attendue du Contentieux administratif au Cameroun : à propos de la loi n°022 du 29 décembre 2006 fixant l'organisation et le fonctionnement des Tribunaux administratifs** », *Juridis Périodique* n°70, avril-mai-juin 2007, pages 24-29.

-- **KEUTCHA TCHAPNGA** Célestin et **TEUBOU** Barthélemy, « **Réflexions sur l'apport du législateur camerounais à l'évolution de la procédure administrative contentieuse de 1990 à 1997** », *Revue Internationale de Droit Africain*, EDJA, Dakar, n°45, avril-mai-juin 2000, pages 61-75.

-- **KORNPROBST** B, « **La compétence liée** », R.D.P. 1961, p. 935.

-- **LANGROD** G, « **Genèse et lignes directrices de la procédure administrative non contentieuse en Pologne** », R.I.S.A., 1960. p. 401.

-- **MARTIN** Pierre-Marie, « **La déclaration préalable à l'exercice des libertés publiques** », AJDA, 1975, pp. 436-447.

-- **MEDARD** Jean François, « **L'État sous-développé au Cameroun** », Année Africaine, 1977, p. 58.

-- **MOMO** Bernard, « **La laïcité de l'État dans l'espace camerounais** », *Les Cahiers de Droit*, Université de Laval, 1999, pp. 821-847.

-- NEGRIN Jean Paul, « L'utilisation par l'administration des associations de la loi de 1901 », R.F.A.P. 1989, pp. 549-582.

-- NGWA FORBIN Eric, « Les Comités de vigilance et l'État de droit au Cameroun », *Cahiers Africains d'Administration Publique*, n°62, 2004, pp.19-32,

-- OLINGA Alain Didier, « Un parti politique d'opposition est-il banal ? Le régime juridique des partis politiques », in SINDJOUN Luc, **Comment peut-on être opposant au Cameroun ? Politique parlementaire et politique autoritaire**, Dakar, CODESRIA, 2004, pp. 102-166.

-- ONDOA Magloire, « **Le droit public des États africains sous ajustement structurel : l'exemple du Cameroun** », Les Actes du **Premier Colloque** Georges **W. NGANGO**, Paris, Economica, 2001, pp. 3 et suivantes

-- PAUTI Monique, « **Les décisions implicites d'acceptation et la jurisprudence administrative** », RDP, 1975, pp.1525-1577.

-- POIRMEUR Yves, « **Activité politique et organisations syndicales** », www.upicardie.fr/labo/currap/revues/root/poirmeur.pdf). pp. 1 et 55.

-- RICCI Jean-Claude, « **La motivation des actes administratifs** », A.E.A.P, 1983, p.430.

-- RIVERO Jean, « **Sanction juridictionnelle et règle de droit** », **Mélanges** Julliot **De La MORANDIERE**, Paris, Dalloz, 1964, p.457.

-- ROBERT Jacques, « **Libertés publiques et défense** », RDP, 1977, p. 953.

-- « **Les sanctions administratives et le juge constitutionnel** », *Les Petites Affiches* n°8, 17 janvier 1990, pp. 6-14.

-- SINDJOUN Luc, « Ce que s'opposer veut dire : l'économie des échanges politiques», in SINDJOUN Luc, **Comment peut-on être opposant au Cameroun ? : Politique parlementaire et politique autoritaire**, Dakar, CODESRIA, 2004, 2004, pp. 8-43.

-- TALLINEAU Lucille, « **Les tolérances administratives** », AJDA, 1978, p. 3.

-- TRICOT Bernard, « **L'agrément administratif des institutions privées** », D. 1948. Chronique, p.25.

-- WEBSTER Edward, « **Syndicats et partis politiques en Afrique. Nouvelles alliances, stratégies et nouveaux partenariats** », Friedrich-Ebert-Stiftung, La Coopération Syndicale Internationale, Document d'information n°3/2008. www.fes.de/gewerkschaften.

III. NOTES, CONCLUSIONS ET OBSERVATIONS DE JURISPRUDENCE

-- BERTRAND L., « Conclusions sur Conseil d'État, Section, 14 novembre 1969, Sieur EVE », A.J.D.A. 1969, p. 684.

-- BRAIBANT Guy, « Conclusions sur Conseil d'État, 8 janvier 1960, Ministre de l'éducation nationale contre ROHMER », R.D.P. 1960. p. 335.

-- DELON Francis, « Conclusions sur Conseil d'État, Assemblée, 1er février 1985, Association chrétienne « Les Témoins de Jéhovah » », RDP, 1985, 485.

-- GUIMDO Bernard-Raymond, « Observations sur Cour Suprême/Président de la Chambre Administrative, ordonnance n°2 du 09 décembre 1992, U.P.C-MANIDEM contre État du Cameroun (MINAT) », *Juridis Info* n°16, pp. 56-58.

-- « Observations sur C.S. /P.C.A, ordonnance n°28 du 9 avril 1992, Union Nationale Camerounaise (U.N.C.) contre État du Cameroun », *Juridis Info* n°19, juillet-septembre 1994, pp. 27-33.

-- « Note sous CS/PCA/91-92, ordonnance n°28, recours n°439/91-92 du 09 avril 1992, Union Nationale Camerounaise (UNC), STANLEY AKWOTE AKONDI contre État du Cameroun (MINAT) », *Juridis info* n°19, août-septembre 1994, pp.27-38

-- KAMTO Maurice, « Note sous arrêt du 24 mars 1983, NJIKIAKAM TOWA Maurice contre État du Cameroun », Recueil *Penant*, 1985, pp. 347-361.

-- KEUTCHA TCHAPNGA Célestin, « La protection des droits des étudiants par le juge administratif : Note sous Cour Suprême du Cameroun, Chambre Administrative, Jugement n°38 du 30mars 1995, NYAM Charles contre État du Cameroun (MINESUP) », *Juridis Périodique* n°37, janvier-février-mars 1999, pages 14-20.

-- KEUTCHA TCHAPNGA Célestin et SIETCHOUA Célestin, « Aspects nouveaux de la notification des normes administratives individuelles : Note sous Cour Suprême, Chambre Administrative, jugement n°29 du 3 Mai 1990, MBARGA Symphorien contre État du Cameroun », *Afrilex*, Revue Electronique des Droits et des Institutions d'Afrique, Bordeaux, n°01, novembre 2000, pages 0-22.

-- NLEP Roger-Gabriel, « Note sous Cour Suprême, Chambre Administrative, jugement du 1er février 1985, SENDE Joseph contre État du Cameroun », Recueil *Penant* n°792, 1986, pp. 497-507.

-- **ODENT** Raymond, « **Conclusions sur Conseil d'État, 5 avril 1946, DAUPEYROUX, BLANQUIS et autres** », 1946 3.21.

IV. RECUEILS DE TEXTES ET DE JURISPRUDENCE

-- **Cameroun, droits et libertés. Recueil des nouveaux textes**, Yaoundé, Éd. Sopecam, décembre 1990.

-- **MBOUYOM** François-Xavier, **Recueil des grands arrêts de la jurisprudence administrative de la Cour fédérale de justice (1962-1970)**, Yaoundé, Éd. Sopecam, 1970.

- **Recueil des grands arrêts de la jurisprudence administrative de la Cour suprême du Cameroun (1970-1975),** Yaoundé, Éd. Kenkosson, 1975.

V. PRINCIPAUX TEXTES

-- Préambule de la Constitution camerounaise de 1996.

-- Déclaration Universelle des Droits de l'Homme du 10 décembre 1948.

-- Convention n°87 de l'Organisation Internationale du Travail sur la liberté syndicale et la protection du droit syndical de 1948.

-- Pacte International sur les droits civils et politiques de 1966.

-- Charte Africaine des Droits de l'Homme et des Peuples de 1981.

-- Loi n°90/053 du 19 décembre 1990 relative à la liberté d'association.

-- Loi n°90/056 du 19 décembre 1990 relative aux partis politiques.

-- Loi n°92/007 du 14 août 1992 portant Code du travail.

-- Loi n°99/O11 du 20 juillet 1999 modifiant et complétant certaines dispositions de la loi n°90/053 du 19 décembre 1990 relative à la liberté d'association.

-- Loi n°99/014 du 22 décembre 1999 régissant les ONG.

-- Loi n°2011/018 du 15 juillet 2011 relative à l'organisation et à la promotion des activités physiques et sportives.

-- Loi n°2012/001 du 19 avril 2012 portant Code électoral. (Notamment le Titre XI (articles 275, 276, 277 et 287 relatifs au financement des partis politiques et des campagnes électorales).

-- Statuts de la Fédération Camerounaise de Football du 14 mars 2007.

VI. INDEX DES PRINCIPALES DECISIONS DU JUGE ADMINISTRATIF CAMEROUNAIS CITEES

(*Les chiffres entre parenthèses renvoient aux pages du livre*)

- AOUA Hadja (Dame), arrêt du 18 août 1972. **(75)**

- BINAM (Dame), jugement n°12 du 28 janvier 1982. **(39)**

- BILAE Jean, arrêt n°120 du 8 décembre 1970. **(87)**

- BOUDOMBO Moudio, arrêt n°68 du 31 mai 1979. **(77)**

- Comité d'action populaire pour la liberté et la démocratie (CAP-LIBERTE), ordonnance du 26 septembre 1991. **(95 et 96)**

- DIWOUTA Loth Pierre, jugement n°18 du 4/11/1966. **(37)**

- ITAMBE HAKO Prosper, jugement n°48 du 27 avril 1995. **(39)**

- ITEM Dieudonné, jugement n°12/CS/CA du 27 avril 1978. **(40)**

- KEYANFE Jean Robert, arrêt n°54 du 26 avril 1979. **(77)**

- La vraie Église de Dieu, jugement n°69/93-94 du 30 Juin 1994. **(97)**

- MAMA Biloa Sandrine, jugement n°54 du 29 août 2002 **(87)**

- MBARGA Raphaël, jugement n°73 du 29 juin 1989. **(85)**

- MBOTTO OTTO, arrêt n°205 du 30/1/1953. **(78)**

- MBOUENDEU Jean de dieu et Elites Banka, jugement n°8 du 29 novembre 1979. **(14)**

- MOUELLE KOULA Eitel, arrêt n°178 du 28 mars 1972. **(14, 56, 97, 99)**

- MOUKOKO James Emmanuel, arrêt n°14 du 19 mars 1969. **(88)**

- MVE Jean, arrêt n°265 du 27 novembre 1963. **(77)**

- NDJOCK Paul, arrêt du 27 décembre 1957. **(92)**

- NJIKIAKAM TOWA Maurice, arrêt du 24 mars 1983. **(92 et 100)**

- NZENGUE NGOUNOU Dagobert, jugement n°4 du 25 mai 1989. **(40)**

-- OBAME ETEME Joseph, jugement du 27 janvier 1970. **(86)**

-- Organisation Camerounaise des Droits de l'Homme (OCDH), ordonnance n°19 du 26 septembre 1991 **(90 et 91)**

- P.S.L.D. ordonnance n°26/CS/PCA/91-92 du 18 septembre 1992. **(42)**

- R.D.R. ordonnance n°25/CS/PCA/91-92 du 18 septembre 1992. **(42)**

- SENDE Joseph, jugement du 1er février 1985. **(4 et 5)**

--Syndicat national des exploitants des auto-écoles du Cameroun contre État du Cameroun, ordonnance de sursis n°09 du 16 mai 1994. **(34)**

- U.P.C-MANIDEM, ordonnance n°2 du 09 décembre 1992. **(29 et 35)**

-- Union Nationale Camerounaise, ordonnance n°28 du 9 avril 1992. **(41)**

TABLE DES MATIERES

REMERCIEMENTS 9
PRINCIPALES ABREVIATIONS 11
SOMMAIRE 13
PRÉFACE 15
RESUME DU LIVRE 19
INTRODUCTION GENERALE 21
   I. LA NEGATION DE L'ESPACE ASSOCIATIF AVANT 1990 21
   II. L'AUTONOMISATION DE l'ESPACE ASSOCIATIF APRES 1990 27

Première partie LE REGIME JURIDIQUE DE LA RECONNAISSANCE DES ASSOCIATIONS PAR L'ADMINISTRATION 35

   Chapitre I LE REGIME JURIDIQUE DES ASSOCIATIONS DECLAREES 37
      Section I. LA PLACE DE LA DECLARATION PREALABLE DANS LES TECHNIQUES D'AMENAGEMENT DES LIBERTES 37
         Paragraphe I. Les divergences doctrinales 37
         Paragraphe II. La position adoptée : la déclaration, technique juridique du régime répressif 38
      Section II. LES FORMES DE DECLARATION D'ASSOCIATION CONSACREES 40
         Paragraphe I. La déclaration assortie d'un pouvoir d'opposition ou d'appréciation de l'administration 40
         Paragraphe II. La déclaration implicite d'acceptation 42

   Chapitre II. LE REGIME JURIDIQUE DES ASSOCIATIONS AUTORISEES 47
      Section I. LA SIGNIFICATION JURIDIQUE DU PROCEDE 47
         Paragraphe I. L'autorisation administrative préalable, technique juridique du régime préventif 48
         Paragraphe II. L'autorisation administrative préalable, technique permissive dans un contexte d'interdiction 49
      Section II. LA PROCEDURE D'AUTORISATION PREALABLE 50
         Paragraphe I. L'octroi de l'autorisation 50
            A. Les formalités préalables à l'octroi de l'autorisation 50
               1. La demande d'autorisation 50
               2. Les cas d'intervention d'un organe consultatif 51
            B. Les pouvoirs de l'autorité compétente 53

  1. L'hypothèse de compétence liée 53
  2. Les pouvoirs d'appréciation de l'administration 55
 C. Les formes de délivrance de l'autorisation 57
  1. L'autorisation expresse 57
  2. L'autorisation tacite 57
 Paragraphe II. Le refus de l'autorisation 59
  A. La consistance de nouvelles garanties non juridictionnelles 59
   1. L'obligation de motiver les refus d'autorisation 59
   2. L'assouplissement des contraintes inhérentes à la procédure
   administrative contentieuse 62
  B. Les cas d'annulation juridictionnelle du refus illégal de
  l'autorisation 64
Section III. LES TYPES D'ASSOCIATIONS SOUMIS A
L'AUTORISATION ADMINISTRATIVE PREALABLE 65
 Paragraphe I. Les syndicats professionnels 66
 Paragraphe II. Les partis politiques 68
 Paragraphe III. Les associations étrangères 70
 Paragraphe IV. Les associations reconnues d'utilité publique 71
 Paragraphe V. Les Organisations non gouvernementales 72
 Paragraphe VI. Les associations religieuses 75
 Paragraphe VII. Les associations sportives 76

CONCLUSION DE LA PREMIERE PARTIE 79

Seconde partie LE REGIME JURIDIQUE DU FONCTIONNEMENT DES
ASSOCIATIONS 81

Chapitre I LE CONTRÔLE SUR L'ACTIVITE DE L'ASSOCIATION 83
 Section I. LES RAISONS D'UN CONTRÔLE STRICT 83
  Paragraphe I. Les raisons politiques 84
  Paragraphe II. Le respect de la réglementation en vigueur 87
 Section II. LA MISE EN ŒUVRE DU CONTRÔLE 93
  Paragraphe I. Le droit d'enquête 93
  Paragraphe II. Le droit de communication 94
  Paragraphe III. Le droit de visite 96

Chapitre II LES SANCTIONS CONSECUTIVES AU CONTRÔLE 97
 Section I. LES RAPPORTS ENTRE MESURE ADMINISTRATIVE,
 SANCTION ADMINISTRATIVE, SANCTION DISCIPLINAIRE ET
 SANCTION PENALE 97
  Paragraphe I. Sanction administrative et mesure administrative 97
   A. Le critère de la distinction : l'intention répressive de l'auteur de
   l'acte 98
   B. L'intérêt contentieux de la distinction 99
  Paragraphe II. Sanction administrative et sanction disciplinaire 100

 A. Les deux sanctions émanent des autorités administratives et non des juridictions 100
 B. Les deux sanctions se distinguent au niveau de leur domaine d'application 101
 Paragraphe III. Sanction administrative et sanction pénale 102
  A. Le principe d'indépendance des répressions pénales et administratives 103
  B. La portée du principe 104
Section II. LE DEVELOPPEMENT DES SANCTIONS ADMINISTRATIVES ET DISCIPLINAIRES 105
 Paragraphe I. Les diverses sanctions administratives et disciplinaires applicables 105
  A. Les différentes peines disciplinaires 105
  B. Les différentes sanctions administratives 109
   1. La suspension provisoire de l'activité de l'association 109
   2. L'annulation du certificat d'enregistrement 110
   3. La dissolution de l'association 111
 Paragraphe II. La soumission des sanctions administratives et disciplinaires à un régime protecteur 111
  A. Les garanties de forme et de procédure entourant l'application des sanctions 112
  B. Le contentieux juridictionnel des sanctions administratives et disciplinaires 115
   1. Le contentieux de l'annulation des sanctions pour excès de pouvoir 116
   2. La réparation des préjudices causés par les sanctions illégales 126
 Paragraphe III. Le caractère largement théorique des sanctions administratives 127

CONCLUSION DE LA SECONDE PARTIE 139

CONCLUSION GENERALE 141

ANNEXES 147

Annexe I Loi n°90/053 du 19 décembre 1990 relative à la liberté d'association 149

Annexe II Loi n°99/O11 du 20 juillet 1999 modifiant et complétant certaines dispositions de la loi n°90/053 du 19 décembre 1990 relative à la liberté d'association 157

Annexe III Décision n°002/FCF/CR/2012 de la Commission de Recours. Affaire Coton Sport FC de Garoua contre Agbor Kelvin et Bom Yang Fernando 159

Annexe IV Tableau confessionnel légal de la République du Cameroun ... 163

Annexe V Liste des associations reconnues d'utilité publique conformément a la loi sur la liberté d'association 167

Annexe VI ONG agréées par le ministre d'Etat, ministre de l'Administration territoriale et de la Décentralisation 169

Annexe VII Organisations non gouvernementales unipersonnelles 177

BIBLIOGRAPHIE 181

Le Cameroun
aux éditions L'Harmattan

Dernières parutions

CAMEROUN (LE) FACE AU DÉFI DU DÉVELOPPEMENT
Atouts, obstacles et voie à suivre
Fodouop Kengne - Préface de Jean-Louis Chaleard - Postface de Benjamin Steck
Le Cameroun est un pays doté de multiples atouts favorables à son développement. Exploités à bon escient, ils en feraient un pays qui pourrait garantir à ses habitants de meilleures conditions de vie. Mais le Cameroun accédera à un véritable développement si ses dirigeants politiques et ses citoyens renoncent au tribalisme et privilégient l'intérêt général, si l'État applique les règles de droit et de justice, si les intellectuels camerounais s'impliquent dans la lutte.
(Coll. Racines du Présent, 35.00 euros, 360 p.)
ISBN : 978-2-336-00545-4, ISBN EBOOK : 978-2-296-51288-7

CAMEROUN, LE TEMPS DES INCERTITUDES
Espace de risque et dynamique de populations
Mbiaga Cyrille
Le Cameroun est en crise depuis son indépendance, et cette crise a conduit à l'émergence de grandes injustices. Le Cameroun subit des influences externes et souffre de ses influences internes. La dynamique des populations camerounaises montre une aspiration au bien-être et au progrès social dans un environnement tapi de risques et d'incertitudes. Ce livre décrit les déterminants qui accélèrent ou qui freinent le développement.
(Coll. Points de vue, 21.00 euros, 218 p.)
ISBN : 978-2-296-99825-4, ISBN EBOOK : 978-2-296-51457-7

JEUNESSE AFRICAINE ET DYNAMIQUE DES MODÈLES DE LA RÉUSSITE SOCIALE – **L'exemple du Cameroun**
Manga Jean-Marcellin
Voici une lecture des imaginaires de la réussite sociale de la jeunesse urbaine camerounaise contemporaine. Quelles sont les voies et les figures les plus significatives de la promotion sociale pour les jeunes de la capitale camerounaise ?
(Coll. Sociétés africaines et diaspora, 24.00 euros, 244 p.)
ISBN : 978-2-336-00188-3, ISBN EBOOK : 978-2-296-51333-4

PENSÉE POLITIQUE DE PAUL BIYA
Amougou Bernard - Préface de Jacques Fame Ndongo
Ce livre tente de clarifier et d'expliquer la pensée politique de Paul Biya. L'auteur cible bon nombre d'idées structurantes du «Renouveau» et aborde les idées que sont : le libéralisme communautaire, la moralisation, la liberté d'entreprendre, le devoir de solidarité, la démocratie, les droits de l'homme, les devoirs du citoyen, l'intégration nationale, l'État fort, la justice sociale, la nation, le spiritualisme culturel, la diplomatie et la croissance.
(Coll. Harmattan Cameroun, 15.50 euros, 148 p.)
ISBN : 978-2-336-00038-1, ISBN EBOOK : 978-2-296-51329-7

BAMILÉKÉ (LES) AU CAMEROUN – Ostracisme et sous-développement
Tchatchoua Thomas
La question ethnique est la problématique épicentrale de la gouvernance du Cameroun. L'auteur relance un vieux débat sur un fléau panafricain toujours d'actualité : l'ostracisme, qui culmine au Cameroun dans la question bamiléké. Le rejet dont souffre cette ethnie dans la société camerounaise a éclaté à maintes occasions pour marquer de ses crises aux effets parfois douloureux et tragiques l'histoire du pays.
(Coll. Harmattan Cameroun, 20.50 euros, 234 p.)
ISBN : 978-2-336-00889-9, ISBN EBOOK : 978-2-296-51376-1

ÉLEVEURS (LES) MBORORO DU NORD-CAMEROUN
Une vie et un élevage en mutation
Kossoumna Liba'a Natali
A l'insécurité foncière et fiscale affectant la préservation des espaces de pâturage et des pistes à bétail et favorisant une agriculture minière ou extensive, s'est ajoutée l'insécurité physique, avec des prises d'otages et les fortes rançons demandées aux Mbororo. Ces derniers tentent tant bien que mal de s'adapter et/ou d'atténuer de telles contraintes. Tout en sédentarisant habitat et activités, ils maintiennent la pratique de la transhumance, mais en la modifiant.
(Coll. Etudes africaines, 28.00 euros, 274 p.)
ISBN : 978-2-336-29078-2, ISBN EBOOK : 978-2-296-51377-8

PROVERBES ET EXPRESSIONS BASSA
Traduits en français
Momha Bellnoun - Préface du Révérend Pasteur Bernard Mayémi Ma Ndinjock
L'auteur met au service de tous les *Proverbes et expressions bassa*, un outil véritablement indispensable pour l'apprentissage et la maîtrise de la langue bassa. Cette langue devient enfin ce que les ancêtres ont toujours voulu qu'elle soit : un bassa à la portée de son public, qu'il entraîne sans difficulté dans ses divers imaginaires.
(26.00 euros, 262 p.)   *ISBN : 978-2-296-96427-3, ISBN EBOOK : 978-2-296-51317-4*

GÉRARD ESSOMBA MANY, L'ACTEUR REBELLE
Art et esthétique du comédien africain
Soh Tatcha Charles
Attachant, contradictoire, fascinant, tels sont les adjectifs qui servent à dépeindre l'un des acteurs les plus charismatiques du continent africain, dont la liberté d'expression irrite, horripile, dérange, embarrasse, et dont la carrière est marquée par une mosaïque de succès et d'échecs, à la mesure des dimensions hors normes d'une personnalité insaisissable, faite de doutes et de douleurs. L'enfant terrible du 7ᵉ art africain se livre ici avec sincérité et humour.
(Coll. Harmattan Cameroun, 17.00 euros, 172 p.)
ISBN : 978-2-336-00911-7, ISBN EBOOK : 978-2-296-51452-2

DROITS DE L'HOMME ET GOUVERNANCE EN MILIEU PARLEMENTAIRE AU CAMEROUN
Bessolo Soya Marie Thérèse B. - Préface du Pr. Hon. Lekene Donfack
Cet ouvrage se veut une référence en matière d'évaluation de la dynamique des droits de l'homme au Cameroun ; en ce sens l'auteur a choisi ce concept à la fois comme cadre théorique et champ disciplinaire, désormais base de toute politique publique cohérente. Ce livre a le mérite de se revendiquer, non seulement des sciences du management, mais aussi des sciences historiques. Aussi présente-t-il des propositions concrètes pour une action parlementaire plus efficace et plus soutenue (Dr Gérard Marie Messina).
(Coll. Harmattan Cameroun, 19.00 euros, 192 p.)
ISBN : 978-2-336-00888-2, ISBN EBOOK : 978-2-296-51292-4

PARLONS DOUALA – **Langue bantoue du Cameroun**
Ewane Valerie
Le douala est une des langues véhiculaires du Cameroun, parlée par les Sawa dans les provinces du littoral, du sud-ouest, et dans le département de l'Océan. Cet ouvrage présente la langue dans sa structure grammaticale et verbale, des éléments de conversation courante, un vocabulaire riche et varié, des éléments culturels et des repères historiques, ainsi que deux lexiques : français-douala et douala-français. (CD en complément : 15 €/ISBN : 978-2-336-00778-6).
(Coll. Parlons..., 18.00 euros, 182 p.)
ISBN : 978-2-336-00087-9, ISBN EBOOK : 978-2-296-50770-8

PRINCIPE (LE) DE DOUBLE NATIONALITÉ AU CAMEROUN
Tsimi Eric Essono
La loi camerounaise «portant code de la nationalité» est un objet juridique insolite. Promulguée en 1968, cette loi mérite d'être précisée en plusieurs de ses termes. Pour l'auteur, le «code de

la nationalité» de 1968 est assurément l'un des plus permissifs au monde. Cette réflexion s'ouvre sur la nécessité de définir et de construire la nationalité camerounaise et se clôt sur l'inéluctabilité d'une évolution à pas comptés.
(Coll. Harmattan Cameroun, 11.50 euros, 82 p.)
ISBN : 978-2-336-00884-4, ISBN EBOOK : 978-2-296-51152-1

ENSEIGNEMENT TECHNIQUE ET PROFESSIONNEL AU CAMEROUN
Ngo Melha Ernestine Antoinette
Le Cameroun, en tirant les leçons de la crise des années 90, a développé l'enseignement technique et la formation professionnelle ETFP. Comment est organisé ce sous-secteur ? Quelle articulation avec l'enseignement général et le marché de l'emploi ? Après une présentation globale du système éducatif, cet ouvrage décrit le sous-secteur de l'ETFP au Cameroun et la manière dont est organisée la formation des formateurs.
(Coll. Etudes africaines, 10.00 euros, 66 p.)
ISBN : 978-2-336-00183-8, ISBN EBOOK : 978-2-296-51127-9

DOMANIALITÉ PUBLIQUE ET EXPROPRIATION POUR CAUSE D'UTILITÉ PUBLIQUE AU CAMEROUN
Owona Joseph
A l'heure des «grandes réalisations» (ports, barrages, routes, ponts), les questions de domanialité et d'expropriation publique sont devenues d'une brûlante actualité au Cameroun. Ainsi devient-il utile d'avoir un aperçu ou de cerner les notions de domaine public ou privé, d'en maîtriser la constitution, la structure et les modes de gestion. Voici un outil de vulgarisation des connaissances élémentaires pour les étudiants et candidats aux concours administratifs.
(Coll. Droits africains et malgache, 14.00 euros, 132 p.)
ISBN : 978-2-336-00124-1, ISBN EBOOK : 978-2-296-51181-1

APPROCHE MÉTHODOLOGIQUE DU DROIT CONSTITUTIONNEL
Travaux dirigés et concours administratifs
Bilong Salomon - Préface de Célestin Tchapnga Keutcha
Ce livre a vocation de rendre accessibles à tous des savoirs essentiels et parfois confisqués : la maîtrise des notions de base de droit constitutionnel dans son ensemble et l'idée que les sciences de la communication pénètrent la science juridique, à travers la méthode, le langage et les techniques d'argumentation.
(Coll. Harmattan Cameroun, 28.00 euros, 274 p.)
ISBN : 978-2-336-00108-1, ISBN EBOOK : 978-2-296-51162-0

PLAIDOYER POUR UN CAMEROUN SANS CORRUPTION
Nguini Charles - Préface de Mamy Raboanarijaona
Ce livre constitue un outil indispensable à la compréhension de la lutte contre la corruption au Cameroun. Il en présente le paysage juridique et institutionnel, en traitant de l'état du droit positif en la matière, des organes et des instruments de lutte contre la corruption, et du rôle des conventions anticorruption applicables au Cameroun.
(Coll. Harmattan Cameroun, 24.50 euros, 236 p.)
ISBN : 978-2-336-00118-0, ISBN EBOOK : 978-2-296-50938-2

FLEUVE (LE) NYONG FACE AUX MENACES ÉCOLOGIQUES, NATURELLES ET INDUSTRIELLES
Ateba A Valentin
Le fleuve Nyong arrose une bonne partie du plateau sud-camerounais. Long de 640 km, il nourrit environ 4 millions d'individus. Aux richesses variées et jadis abondantes, le Nyong est aujourd'hui en voie de subir une catastrophe écologique sans précédent. Ce fleuve est, depuis plusieurs années, le siège d'une série d'agressions (surpêche, feux de brousse, déforestation, érosion des berges, envasement, pollutions diverses...), qui affectent son milieu de vie et détruisent sa biodiversité.
(Coll. Harmattan Cameroun, 11.50 euros, 90 p.)
ISBN : 978-2-336-00099-2, ISBN EBOOK : 978-2-296-50825-5

PROBLÉMATIQUE (LA) DE LA RETRAITE SOUS LES TROPIQUES
Mani Pascal - Préface de Bruno Bekolo-Ebe - Postface de Robert Evola
Le développement du niveau de vie, des sciences médicales et des technologies de pointe va permettre d'avoir de plus en plus de vieilles personnes à charge en Afrique : comment les pouvoirs publics s'emploient-ils à gérer ce phénomène ? La prise de conscience individuelle face au risque de la vieillesse n'est-elle pas le premier pas vers la préparation de la retraite ? Cet ouvrage s'emploie à tirer la sonnette d'alarme pour que la retraite ne soit plus une mort annoncée.
(Coll. Harmattan Cameroun, 19.00 euros, 194 p.)
ISBN : 978-2-336-00097-8, ISBN EBOOK : 978-2-296-50823-1

BILINGUISME OFFICIEL AU CAMEROUN
Étude linguistique et sociolinguistique
Echu George
Ce livre fait une description linguistique et sociolinguistique du bilinguisme officiel au Cameroun. Après en avoir fait l'historique, l'auteur se penche sur les modalités d'application de la politique du bilinguisme dans les différents domaines où elle se manifeste : les dispositions juridiques et institutionnelles, l'éducation, la traduction et l'interprétation, la politique, l'administration, les médias, les activités économiques et le secteur socioculturel.
(Coll. Harmattan Cameroun, 28.00 euros, 272 p.)
ISBN : 978-2-336-00121-0, ISBN EBOOK : 978-2-296-50963-4

PRODUCTION (LA) LITTÉRAIRE CAMEROUNAISE
Théâtre, roman, cinéma
Randall Laurence
Dans le cadre des études postcoloniales francophones, cet ouvrage examine la société camerounaise par le prisme de sa production culturelle dans les domaines du théâtre, du roman et du cinéma. Il analyse la représentation des tendances actuelles de la société entre les pôles tradition et modernité, à partir d'une sélection d'oeuvres camerounaises.
(Coll. Etudes africaines, 37.50 euros, 368 p.)
ISBN : 978-2-336-00110-4, ISBN EBOOK : 978-2-296-50880-4

DIDACTICA PRACTICA – Cuadernos pedagogicos
Youadjeu Christian Tiako - Prefacio de Dieudonné Emmanuel Sol Tjock
Didactica practica pretende ser un auxiliar eficaz para profesores de Espanol Lengua Extranjera. El primero segmento precisa los contenidos necesarios en el proceso ensenanza apredizaje del espanol en varia areas de conocimiento en conformidad con el programa oficial. En el segundo segmento, viene operada una organizacion y secuensiacion de los contenidos para propiciar una explotacion ordenada. El ultimo segmento indica como se opera de modo inductivo, el proceso ensenanza aprendizake de algunas nociones selecionadas como muestras, en un contexto de clase.
(Coll. Harmattan Cameroun, 23.00 euros, 224 p.)
ISBN : 978-2-336-00113-5, ISBN EBOOK : 978-2-296-50921-4

UNE BELLE PAGE DE L'HISTOIRE DES LÔG BAKÖP DU CAMEROUN
Psychanalyse d'un peuple
Mounyemb-Tenwo Simon-Florent
Cet ouvrage est un travail de mémoire qui revisite l'histoire des peuples de l'Afrique subsaharienne. Il explore de nouvelles pistes sur l'origine de l'ensemble ethnolinguistique Basaa et suggère que les Basaa ne sont pas un peuple, mais un ensemble de peuples dont certains ont accédé à une organisation sociale de type monarchique comme le peuple Lôg Bakôp.
(Coll. Points de vue, 25.50 euros, 246 p.)
ISBN : 978-2-336-00138-8, ISBN EBOOK : 978-2-296-50678-7

L'HARMATTAN, ITALIA
Via Degli Artisti 15; 10124 Torino

L'HARMATTAN HONGRIE
Könyvesbolt ; Kossuth L. u. 14-16
1053 Budapest

ESPACE L'HARMATTAN KINSHASA
Faculté des Sciences sociales,
politiques et administratives
BP243, KIN XI
Université de Kinshasa

L'HARMATTAN CONGO
67, av. E. P. Lumumba
Bât. – Congo Pharmacie (Bib. Nat.)
BP2874 Brazzaville
harmattan.congo@yahoo.fr

L'HARMATTAN GUINÉE
Almamya Rue KA 028, en face du restaurant Le Cèdre
OKB agency BP 3470 Conakry
(00224) 60 20 85 08
harmattanguinee@yahoo.fr

L'HARMATTAN CAMEROUN
BP 11486
Face à la SNI, immeuble Don Bosco
Yaoundé
(00237) 99 76 61 66
harmattancam@yahoo.fr

L'HARMATTAN CÔTE D'IVOIRE
Résidence Karl / cité des arts
Abidjan-Cocody 03 BP 1588 Abidjan 03
(00225) 05 77 87 31
etien_nda@yahoo.fr

L'HARMATTAN MAURITANIE
Espace El Kettab du livre francophone
N° 472 avenue du Palais des Congrès
BP 316 Nouakchott
(00222) 63 25 980

L'HARMATTAN SÉNÉGAL
« Villa Rose », rue de Diourbel X G, Point E
BP 45034 Dakar FANN
(00221) 33 825 98 58 / 77 242 25 08
senharmattan@gmail.com

L'HARMATTAN TOGO
1771, Bd du 13 janvier
BP 414 Lomé
Tél : 00 228 2201792
gerry@taama.net

Achevé d'imprimer par Corlet Numérique - 14110 Condé-sur-Noireau
N° d'Imprimeur : 98892 - Dépôt légal : juin 2013 - *Imprimé en France*